一座總統圖書館的誕生

夏珍 著

目錄

照片集錦

施工狀況 01

經國七海文化園區的初期籌建紀錄及珍貴照片，展示逐步完成的多項關鍵工程，包括整地取套管、基樁施作及地質鑽探等，園區逐步成型，展現出其獨特的文化與景觀特色。

1. 七海園區原始樣貌
2. 七海園區整地情況
3. 七海潭進行地質鑽探
4. 七海園區鳥瞰圖
5. 總統圖書館

1. 七海園區興建時期工務所
2. 遊客中心施工狀況

七海園區基樁鋼筋籠施作

1. 總統圖書館施工狀況
2. 七海園區整地取套管
3. 七海園區七海橋

會勘行程

02

經國七海文化園區的籌建過程中，曾多次進行重要的會勘行程，從建築師到北市府官員，大家共同協作，深入園區現場檢視施工進度，確保各項設施與文化資產的完美融合，並討論未來發展與改進方向。

1. 符傳禎建築師（左）與懷特曼（Roger Whiteman）建築師現場會勘
2. 陳純一副執行長、中華信望愛基金會鄭美倫副處長（左二至左三）與文化局劉得堅專委（右二）進行第一次土地點交
3. 陳純一副執行長、鄧家基副市長與朱雲漢執行長（左一至左三）於七海園區

北市府都發局林洲民局長、柯文哲市長與朱雲漢執行長（左一至左三）
於七海寓所討論七海園區相關事宜

1. 冠德建設馬玉山董事長（中）會勘七海園區
2. 柯文哲市長（左三）會勘七海園區

陳純一副執行長、王文志先生、董陽孜女士、朱雲漢執行長、
郭中端建築師(左二至左六)與工作團隊於七海園區會勘

1. 潤泰集團盧玉璸總經理、尹衍樑總裁與朱雲漢執行長(由左至右)於七海寓所
2. 費宗澄委員、黃光男委員與陳純一副執行長於公共藝術作品驗收(右四至右二)

工作會議

03

經國七海文化園區的籌建過程中，陸續舉行多場會議，涵蓋建築規劃、設計概念、內部規劃與公共藝術等議題。各界專業人士與蔣經國基金會密切合作、深入討論，確保園區在功能與藝術表現上達到最佳平衡。

1. 張清華建築師、符傳禎建築師、陳純一副執行長、朱雲漢執行長與宋翠英主任祕書（由左至右）進行七海園區建築規劃會議
2. 朱雲漢執行長（中）與工作團隊進行規劃會議
3. 世曦工程顧問公司王子安協理、中華信望愛基金會張育達副總經理與鄭美倫副處長（由左至右）討論七海園區相關事宜
4. 張清華建築師與符傳禎建築師（右）討論七海園區建築概念設計
5. 朱雲漢執行長與宋緒康建築師（右）討論七海園區建築內部規劃

1. 符傳禎建築師 (站立者) 與本會、中華信望愛基金會黎少倫董事、徐曾傑經理、
   張育達副總經理 (左一至左三) 討論建築規劃設計
2. 朱雲漢執行長與費宗澄建築師 (右) 於公共藝術會議
3. 宋翠英主任祕書、陳純一副執行長與朱雲漢執行長 (由左至右) 於策展會議

1. 利晉工程郭敏川副總經理、鍾鴻裕總經理、朱雲漢執行長、陳純一副執行長（前排由左至右）及魏鎮東專委（後排右二）等工作團隊於招標會議合影
2. 符傳禎建築師（右二）與英國建築文化事務所工作團隊討論建築設計
3. 中華信望愛基金會張育達副總經理、黎少倫董事及陳佩琪經理（由左至右）

典禮儀式

04

經國七海文化園區歷經數次重要典禮儀式，從開工、動土到竣工，每場儀式均見證園區的發展與歷史。包括各任總統、台北市長及各界貴賓的親臨，象徵著園區建設的歷程與文化價值的凝聚。

1. 馬英九總統（中）與郝龍斌市長（左）於七海寓所
2. 北市府薛春明副祕書長（前）與朱雲漢執行長（後排中）於七海寓所整修開工典禮

1. 馬英九總統（左一）於動土典禮後將簽名金鏟贈送毛高文董事長（左二）以為紀念
2. 貴賓於七海寓所修復工程竣工暨七海園區動土典禮合影

1. 2021/4/27 尹衍樑總裁、朱雲漢執行長與蔣友松先生（前排由左至右）於七海寓所升旗典禮
2. 2021/4/27 升旗典禮由潤泰集團葉佳登副總經理與劉君豪專案襄理（由左至右）負責升旗
3. 前北市府李永萍副市長（左一）主持七海寓所修復工程竣工暨七海園區動土典禮
4. 張育達副總經理、黎少倫董事、朱雲漢執行長、陳純一副執行長及宋翠英主任祕書（左四至左八）於上梁典禮

錢復董事長（左）與朱雲漢執行長於本會喬遷典禮
暨蔣經國總統圖書館落成祈福儀式

2022/1/22 朱雲漢執行長、郝龍斌前市長、柯文哲市長、蔡英文總統、錢復董事長、
馬英九前總統、連戰前副總統及蔣友松先生 (由左至右) 於開幕典禮

國外參訪

05

為了汲取國際經驗，朱雲漢執行長曾多次參訪國外重要文化機構，如雷根總統圖書館及羅斯福總統圖書館等。這些參訪加深了對園區規劃與展示的理解。

1. 朱雲漢執行長與雷根總統圖書館 Duke Blackwood 館長 (右)
2. 朱雲漢執行長與甘迺迪總統圖書館基金會營運長 Connie Chin 女士 (左)
3. 朱雲漢執行長 (右) 於羅斯福總統圖書館

設計圖面 06

經國七海文化園區的設計圖面展示了園區的整體規劃與空間布局，從基地區位到各功能區的配置，細緻呈現了園區整體及蔣經國總統圖書館的結構與視覺效果。這些設計圖面不僅具備實用功能，也反映了建築師結合文化與歷史的深刻意涵。

從七海寓所前方眺望總統圖書館示意圖

1. 總統圖書館示意圖
2. 總統圖書館西側立面圖
3. 總統圖書館東側立面圖

1. 陳列廳入口示意圖
2. 總統圖書館透視圖

陳列廳與閱覽廳示意圖

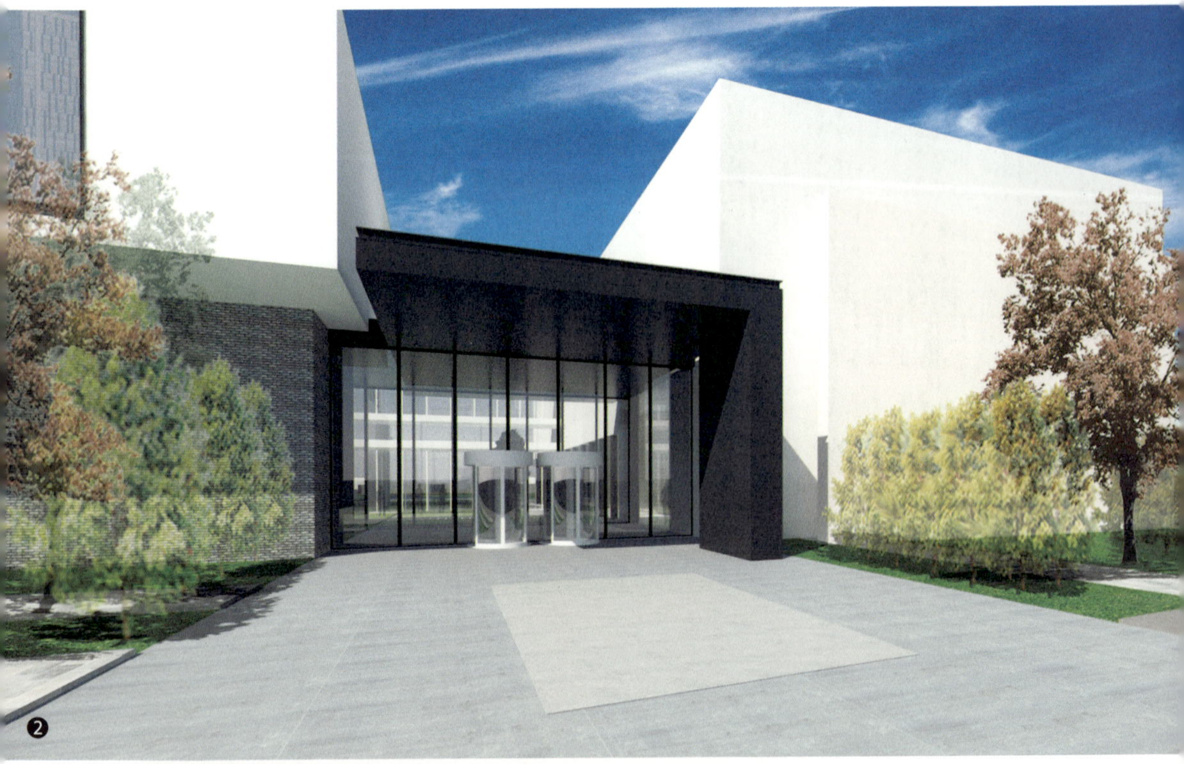

1. 總統圖書館東南側示意圖
2. 總統圖書館東側入口示意圖

園區景觀

07

經國七海文化園區以其獨特的景觀設計，融合自然與人文元素，從本館中庭的真柏到七海潭的生態島，每個角落都呈現出和諧的美感。透過豐富的內涵與空間敘事，此處在保存歷史記憶的同時，也兼顧市民的休憩需求與深度旅遊體驗，樹立起一個以社會公益為導向、活化古蹟的創新模式，持續與當代社會對話。

1

2

1. 總統圖書館中庭真柏
2. 遊客中心廊道
3. 總統圖書館
4. 多功能會議廳

1

1. 總統圖書館景觀
2. 黃昏遠眺總統圖書館
3. 清晨遠眺總統圖書館

1. 七海園區鳥瞰
2. 遊客中心入口
3. 七海寓所
4. 七海園區夜景

1. 從七海橋遠眺總統圖書館
2. 總統圖書館入口
3. Wave 餐廳
4. 徜徉餐廳

1

1. 總統圖書館東側
2. 第一陳列廳
3. 第二陳列廳

1. 總統圖書館閱覽廳
2. 總統圖書館參考服務區廊道
3. 總統圖書館參考服務區

1

2

1. 總統圖書館中庭
2. 總統圖書館特藏室
3. 迎賓廳

七海園區落日景觀

1. 從總統圖書館遠眺遊客中心
2. 從七海寓所眺望總統圖書館

七海寓所

08

靜靜佇立在台北大直的綠意之中，七海寓所是蔣經國與夫人蔣方良在台灣居住最久的住所，也是經國先生在台灣唯一保存下來的故居。此處遠離政治喧囂，庭園雅致，充滿生活氣息。走過半世紀光陰，七海寓所不僅是見證中美斷交等重大事件的歷史場景，更以其原始的面貌，等待眾人前往一探歲月駐足的痕跡。

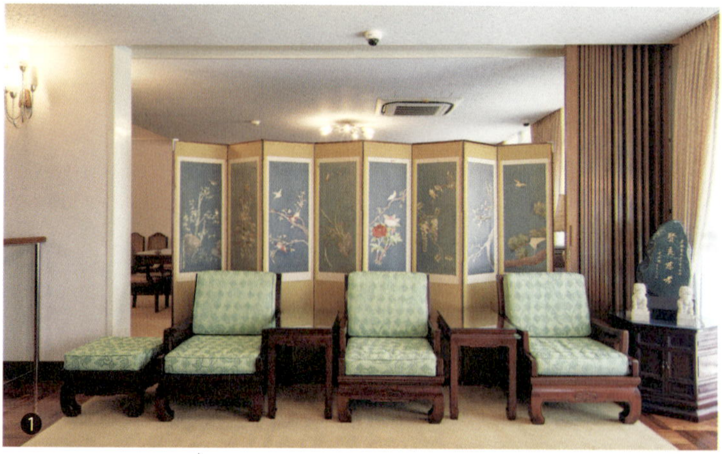

1

2

3

1. 一樓大廳一隅
2. 一樓大廳
3. 二樓書房
4. 二樓起居室

一樓餐廳

嘉賓來訪

09

經國七海文化園區吸引了眾多貴賓蒞臨參訪，從企業董事到文化界人士，大家在基金會同仁的陪同下，共同欣賞園區的建設成果。這些參訪不僅促進了文化交流，也增進了各界對園區未來發展的支持與關注。

1. 宋楚瑜董事（左）與朱雲漢執行長
2. 朱雲漢執行長與王雪紅董事（右）
3. 台達電鄭崇華創辦人（左四）與錢復董事長（右四）等合影

1. 白嘉莉女士
2. 蔡崇信先生（右四）與家人

1. 香港中文大學前校長金耀基院士與其題字合影
2. 宋翠英主任祕書、蔡孔如明女士、錢田玲玲女士與錢美端女士（由左至右）
3. 符傳禎建築師、蔣友梅女士、蔣友松先生（由左至右）
4. 陳純一副執行長、張力教授、費宗澄建築師（費驊部長之子）、張啟明先生與張啟光教授（張繼正總裁之子）、朱雲漢執行長、孫璐西教授（孫運璿院長之女）、徐淵靜（徐慶鐘副院長之子）（由左至右）
5. 余紀忠文教基金會余範英董事長（後排右四）與該會董事

1. 錢復董事長及蔡崇信先生 (右)
2. 郭台銘創辦人、錢復董事長及錢國維總裁 (由左至右)
3. 朱雲漢執行長 (左五) 與經國先生之侍從僚屬

1. 錢復董事長（前中）與薛智偉董事長（前右）、柯文昌董事長（前左）等企業家合影
2. 朱雲漢執行長、胡為真前祕書長、鄭旗生先生（由左至右）合影
3. 韓定國先生、胡定吾先生、朱雲漢執行長（由左至右）合影

園區營運

10

經國七海文化園區自二〇二二年一月二十二日開幕後，迎賓廳、陳列廳及圖書館閱覽廳等設施已對外開放，成為重要的公共空間。每個區域都展示了精緻的設計與功能性，吸引了眾多來訪者，並提供了豐富的學習與參觀機會。

1. 開幕典禮後於迎賓廳舉行茶會

2. 錢復董事長與美國普林斯頓大學學人於多媒體放映室舉行座談會

1. 天下文化於閱覽廳舉行《總統與我》新書發表會

2. 亞洲文化協會台灣基金會於多功能會議廳舉行 60 週年慶

1. 朱雲漢執行長接受鳳凰衛視《台灣板凳寬》蘭萱女士（右）訪談
2. 台北政經學院基金會於閱覽廳舉行講座

推薦序

承載歷史的殿堂

蔣經國國際學術交流基金會董事長

錢復博士

今年春節長假前收到夏珍女士撰寫的《一座總統圖書館的誕生》的書稿，並受邀為其撰寫序文。為免延誤出版時間，我立即開始閱讀。一捧起書稿便難以放下，因為夏女士的行文如流水，且對主題和相關的人、事、物皆有深入的研究。我自蔣經國國際學術交流基金會創立以來即擔任董事，二〇〇八年第七屆第四次董事會通過成立「蔣經國總統圖書館籌建小組」，並公推毛高文董事和我為共同召集人，以後小組又更名為籌備處，在這十六年間，我始終關注圖書館的籌建進展，然而，夏女士的著作中，竟有近半內容是我此前所不知曉的，因此我很快閱畢書稿，隨後又重讀了一遍，對夏女士的用心、細心十分欽佩。

蔣經國總統圖書館籌建過程是十分艱困曲折的，所幸有許多貴人鍥而不捨，奮鬥不懈，終於得成。我首先要提到毫無疑問的是基金會執行長朱雲漢院士。他為興建圖書館，不分晝夜、不辭辛勞，全心投入，完成這項他自己說的「不可能的任務」，令人心酸的是，他因長期透支體力，在園區落成後一年就英年早逝。本書終章〈留下喟嘆，沒有遺憾〉正是對他的最佳寫照；另外我藉此機會感謝中央研究院近代史研究所的同仁，他們協助基金會規劃並執行「七海寓所文物清點」、「蔣經國先生侍從人員訪問」、「經國先生大事長編編纂」等計畫，以供圖書館展示之用，對我們助益良多。這幾位學者包括張玉法教授、陳永發教授、呂芳上教授、黃克武教授、張力教授，以及楊翠華教授，楊教授亦在二〇一〇年起受聘擔任籌備小組的執行祕書三年，奠定策展的基礎工作。楊教授曾到董事會列席報告進度，當時神采奕奕，想不到在圖書館和園區正式開幕前病故，真令人惋惜。

夏女士在書稿的最後一章後記中提到，大約在二〇〇〇年左右，余紀忠董事長曾召見她問道，聽說蔣經國基金會有問題，要她去了解。當時，她分別向毛高文董事長與朱雲漢執行長請教，兩人皆表示「並無問題」。事實上，第一次政黨輪替時，陳水扁當選總統，我仍在監察院持續工作了四年半，若基金會當時真的遇到問題，我可以立即與當局溝通，陳述基金會的實績，問題應能迅速解決。因此，基金會真正遭遇問題是在二〇一六至二〇一七第二次政黨輪替之際，書中已有詳細敘述。無論如何，余紀忠先生古道熱腸與對基金會的關懷，是我過去所不知的，如今得知後，倍感欽佩與感念。

此外我想特別提及二〇二二年一月二十二日圖書館正式開幕的那一天。蔡英文總統當日抵達園區，由於距離典禮開始尚有數分鐘，於是她在二樓貴賓室稍作休息，我亦陪同在側。當時，她對我說了三句話。第一句是對我的獎飾；第二句很重要，她說：「今天各報刊登『促進轉型正義委員會』對圖書館開幕的聲明文，請不要擔心。」；第三句話則是提醒，園區和圖書館是對外開放的，人員的進出要特別留意。從她的話語與態度，我深刻體會到她對園區與圖書館的重視，也對她的肯定心存感激。

最後，我也要特別感謝在「蔣經國總統圖書館」籌建過程中，辛苦的全體基金會同仁，以及曾經協助我們的所有人士。無論是共襄盛舉、慷慨解囊或是貢獻專業、傾注心力，我都衷心感念。對於大家無私的奉獻與熱忱的支持，我在此致上最崇高的敬意與最誠摯的謝忱。

推薦序

尋找文化的靈魂

蔣經國國際學術交流基金會名譽董事
許倬雲院士

聽聞記錄蔣經國總統圖書館興建歷程的專書即將付梓，一時悲欣交集：如此巨大的工程終於完工，並正式對社會開放，實在是值得慶賀的大事。另一方面，為了這個工程的進行，基金會折損了一員大將：當時的執行長朱雲漢先生，因為全程投入此計畫，不僅勞累，更因憂慮過度，最終不幸英年早逝。

他的大名是「雲漢」，因此我哀悼他的輓聯，有「銀槎方半渡，大星隕中天」之感歎。今天口述這一句子，心中悲苦，不能自已。欣然者，他奉獻生命完成的大事情，使得中華民國第一座「總統圖書館」在台北落成。如此成就，乃是近幾十年來，台灣學術界了不起的大事之一。

在此，我想提醒諸位：關於台灣學術建設真正需要做的事，在硬體之外，更要考慮一個學術圖書館自身的責任，以及如何具體擔起這一任務。我個人建議：既然是一個學術性的紀念圖書館，學術當先。台灣的學術環境以及成就，雖小型而珍貴，如今已應超過了每一個學者「單兵作戰」的階段，也應當超過了學術只在書齋中出現的限度；而更應注意如何群策群力，將學術界的力量，匯聚建構理想社會的工程，將許多計畫落實於「漢學研究」的大課題之下。

既然蔣經國基金會本身的工作方向，是幫助漢學的成長與發展，因此，以本行言之，我也希望是以發展台灣民眾對於漢學的理解和重視，作為本會的主要方向。漢學乃是理解自身文化的學問，不僅只是特定學科的學問，而是經過「學而問之」，不斷探索方向，砥礪自己的能力。其終極目標，則是以漢學的發展，為中國文化的長遠工作，尋找一個可長可久的方向。在此處，我個人認為：漢學毋寧應當是替中華文化找回失去的靈魂。學問不僅是對知識的追求，更應從中確立一生不渝的價值——鍥而不捨，成為民族文化永續發展的方向。

在二〇〇九年，中央研究院歷史語言研究所出刊的一個內部刊物上，我曾經建議大家：此後追尋的目標，就是替中國人不斷的尋找靈魂，不斷的尋找永恆，使中國人這一族群，在世界人類共同追尋永恆價值的途徑上，有我們一定的貢獻。那時候定下的題目是《世運與學術》，也就是說：我希望史語所尋找的目標，並不只是歷史、考古專業，而是追尋中國人作為一個永恆文化的載體，應當盡力尋找的大方向。

瑞士人雅斯培（Karl Theodor Jaspers，一八八三至一九六九年）在海德堡大學執教時，曾經提出一個願望，就是要在人類第二次永恆價值的尋找時期，再次確定此後人類共同的方向，當是如何為人類自己在天地之間，留下一個可大可久的價值體系。在我看來，這一價值體系正是「漢學」的核心意涵，即從「為天地立心」的角度，承擔應有的責任。

至於具體的部分，我覺得可以在不久後，與史語所同仁協商，以漢學在尋找第二次人類共同價值的途徑上，共同思考具體的細目，應當包括如何的內容。關於這部分的工作，我希望召集各界高手與基金會，合作籌劃舉辦小型座談會等具體推動方式，活化圖書館的會議室，作為上述定期或不定期討論會的舉辦場所，會議所討論的內容，亦可公諸於眾，讓關心此項目的人群知悉，甚至於參與討論。我自己人在遠方，又不能回來，實在非常慚愧。這些事情，還望有機會進一步推動。

本序要點，就是在此提出綱目，謹備基金會錢董事長及各位董事包括基金會各同仁參考。這也是我以序文的方式，提出來的請願。我身懸海外，仍舊回想當年，我們以學術基金會的名義，紀念中華民國第一位落實民主理想的總統：他簡樸的一生，就在這「七海」的一泓清水，蒼松翠竹，沒有其他奢侈。可是，在他留下的基礎上，我們卻是有這樣一個為了學術界，進而為中華文化發展，尋找大方向的基地。

謹以此序，向基金會董事長及各位同仁隔洋致以思念與敬意。

二〇二五年二月十九日，於匹茲堡

推薦序

匆逝與永恆

文茜的世界周報主持人．作家
陳文茜女士

七海寓所內，有些外牆已剝落，象徵昔日整個國家、一個人大權在握的時代已逝去。七海寓所之外，留下了後人的辯論，還有台灣第一座總統圖書館。

圖書館由一個和他從未謀面的年輕學者構思，研究比較政治一生，東亞民主及經濟轉型後，他在心中給予蔣經國，一個威權體制的強人特殊歷史定位。以附近的腹地，集結各方力量，共同完成蔣經國總統圖書館。

這位年代比起蔣前總統當權時，晚了三個世代年輕學者朱雲漢，中晚年時投入總統圖書館的工作，口述了此書，介紹圖書館的建立過程。

但來不及等此書付梓，二〇二三年，一口氣沒喘過來，先行離世。

他和這座總統圖書館的主人，死亡的過程，都是匆然的，措手不及的；但他們一生為國家巨擘的政策或歷史眼光，卻是長遠的，以幾代甚至半個世紀為目標的。

他們應該都沒有為自己的匆然離世做足準備，心理卻知道的清清楚楚，人的生命會消逝，某些曾經深植的、啟動的、茁根的，即使落葉之後，仍會庇蔭或影響後代。

圖書館旁池塘上波瀾不止，一圈又一圈。風一吹來，波紋更大了。

圖書館的主人蔣經國前總統，在離世僅僅十一個月前驚心動魄創立台積電，三十八年後它已是全球晶片巨人，也是美國幾任總統渴望搬遷至美國的對象。

蔣經國先生帶著台灣歷經特務統治的恐怖時代，一黨獨大，然後自己親手結束了它。

蔣經國先生從父親手中接下退出聯合國，與美國斷交的「國家」，一個幾乎沒有大國承認的國家，一個一度在國際金融市場沒有「債信」的國家。

蔣經國先生執政時面對兩次經濟逆風——石油危機、工廠倒閉，蓬勃的加工出口區驟然一片蕭條。

蔣經國先生晚年的名言：我是中國人，我也是台灣人。他曾經全力地禁止台灣本土文化，但晚年，他親手結束了單一認同。

時間，無情地前行，他大權在握，他逮捕異己，即使如此，他抗拒不了時代的逆風，再強大的拳頭，在世界政治經濟局勢中，中華民國都被擠到了懸崖邊緣。

即使他的政治反對者，在某些時刻停下來，回頭看看，共同曾經歷經的時代，他留下的經濟遺產，包括他的清廉治國理念，如今都成了絕響。

最難的時刻，最好的經濟幕僚，最大的產業突破。

於是追念，不只是追念：感恩，不只是感恩。

於是七海園區，蔣經國總統圖書館，不只是一段記憶的剪影，一個歷史的定格，而是一種錯綜複雜的省思。

走在總統圖書館園區，這裡沒有高聳的紀念碑，沒有頌詞，只有和他的權力不成比例的樸素房舍，靜靜地站立，等待後人的注視。

蔣經國先生在此書出版時，已經過世三十八年。三十八年足夠改變一座城市，足夠讓記憶褪色，足夠壯大一家晶片巨人，足夠毀掉一個國家的根基。

當一般人們走進這片園區，依舊能感受到時間在這裡留下的痕跡。這不是一場懷舊的旅程，而是一次對歷史的凝視。蔣經國，這個名字曾經與台灣的發展緊緊相繫，他鐵腕的決策，他處驚時的沉默，他晚年巨大的改變，翻轉了世界史對一位威權統治者線型的論述。

這本書，記錄的不是一座圖書館的落成，而是台灣走過、彎曲、耐人省思的路。

在這裡曾經的對與錯，現在、過去和未來，都被一一記載。

歷史評價，功過評論，不可能全是盈滿、但也無法全然否定。

此刻，這裡，即使冬寒時刻，凋謝本身也是生命……

序曲

超越想像的「奇蹟」

時間，是個神奇魔術師，指針所到之處，改變必然發生，不論速度是快是慢，沒有什麼能在時間的極有耐心、實則殘酷的穿透下，維持不變；但時間也是仁慈的，它容許定格——不論是記憶的定格，或者，遺忘的定格。

殘酷與仁慈，是時間的雙面性，就像時代必有其兩面性；人甚至還有多面性。城市的改變，就是時間留下的痕跡，弔詭的是，因為改變卻可能什麼都留不下來；「指定古蹟」讓「部分定格」得以發生，在部分定格的有限空間裡，讓遺忘減緩速度，甚至創造新的記憶，讓時間殘酷沖刷下的巨變，還有「代代相傳」的記憶。

「七海園區」就是這麼一個神奇的地方。

二〇二二年一月二十二日，「經國七海文化園區」（下文簡稱為「七海園區」）開幕，距離蔣經國辭世已經三十四年，距離蔣方良離世也已經十八年。

三十四年的時光，讓台北城有了迥然不同的面貌：信義區的一〇一大樓聳立成新地標；中山區有了一座晶燦的美麗華摩天輪；中正區的忠孝橋引道拆了；大同區的大稻埕成為「漫遊文化」的新景點；蔣經國曾經最熟悉的「中央黨部」，如今原址已經成為十二層樓的張榮發基金會；就連國防部都從博愛特區遷到了大直，與空總、海總、忠烈祠，構成偌大的「國軍文化園區」，「七海園區」安安靜靜地坐落在側，成為別具一格的存在。

耗時十六年的巨大工程

它不再是當年的「七海」，後山仍在，原名「四海」的潭水仍存，但經過整治，花木扶疏，綠意盎然，更美也更靜謐，走進這裡，很自然地放慢步調、降低音量，心也隨之從容。

原來的停車場和特勤休息區，轉眼起造了由數個建築體與園林空間相互連接依托圍合的綠建築，如此低調卻又如此耀眼，這裡是蔣經國總統圖書館；說「轉眼起造」並不精準，因為從與台北市政府（下文簡稱為「北市府」）簽約到落成開幕耗時八年，若要從蔣經國國際學術交流基金會（下文簡稱為「蔣經國基金會」）推動七海園區計畫起算，則已經十年；時間，曾經殘酷地讓這裡荒漠寂寂，卻也仁慈地終於給了中華民國第一座總統圖書館。

從圖書館走幾步路，就能到修繕如舊的「七海寓所」，自一九六九年從長安東路華南銀行宿舍遷居至此，在這幢原為美軍第七艦隊軍官準備的招待所，蔣經國度過他人生最後十九年。時間，是從什麼時候在這幢鋼筋混凝土的建物中定格的呢？可以確信，在蔣經國晚年臥病伊始，這裡就沒有太多變化，所有細微的改變，都是為了因應蔣經國的需要，包括那一間方便從側門直接進入的臥室；蔣方良獨居的十六年裡，她幾乎也未曾更動太多，保留舊觀是為了保存他們曾有的共同歲月，蔣經國是蔣方良在台灣的唯一；自她走後，這裡的陳設物件像是看顧主人般，安靜地待在原地，默默地守護著，但時間還是讓這裡斑剝褪色了；直到二〇〇六年由北市府指定為「市定古蹟」，才極為緩慢地逐步推動修繕與整理的計畫，這是一個巨大的工程，耗時——十六年——遠超過起造一幢新的圖書館。

時間定格的震撼

三十四年、十九年、十八年、十六年、十年、八年……，這些數字，銘刻著時間絕不停留的改變，卻也寫下改變可以讓「定格」成真的魔術——這是一張全新的老照片，用新的面貌記憶舊時光；對這裡曾有記憶的人再次走進寓所，就彷彿一腳踏入時光機。「啊！對，這裡就是這樣，就和蔣經國的生前一般。」前台北市長郝龍斌曾帶著與蔣經國關係密切的父親、前行政院長郝柏村重訪舊地，就發出如此感慨，歷史學者張力形容得更傳神，「就像他（蔣經國）還在這裡生活。」

對這裡沒有淵源與記憶的人，走進寓所的「震撼」則有著錯綜複雜的驚嘆，原來蔣經國的日常，就和我們大多數人的日常一般，這個「神祕人物」一點也不神祕，他的「大日子」讓「時代」轟隆作響地蒸騰前進，從十大建設到民主改革，台灣的建設發展——不論是經濟奇蹟或寧靜革命——這裡就是發想的原點；他的「小日子」是掛在牆上跟了他一生的母親畫像，是一只鐫刻著父親蔣中正題送給蔣方良賢媳「賢良慈孝」的石刻雅石，是廚房裡十幾年從未更換的老冰箱，是書桌上的紙筆，是來自愛妻故鄉的俄羅斯娃娃，是給妻子解悶用的ＶＨＳ錄影帶……。前台北市文化局長李永萍在鏽跡斑斑的老冰箱上看到蔣經國的儉樸，歷史學者張力則從厚達三、四十公分的老式圓木砧板想像蔣經國飲食的簡單。

或許就是這份衣食住行皆不講究的簡單，讓蔣經國可以熬過跌宕起伏、毀譽相伴，甚至艱險萬分的人生旅程，讓他得以衝決時代無情的沖刷，成為從威權到民主迄今六位總統中，民意聲望最高的一人，也因為這個特質，讓七海園區、蔣經國總統圖書館得以展現在世人面前。

歷史學者黃克武下的注腳：「歷史，不能就這麼被抹去，有些人，有些事，不該就這麼被遺忘。我們所做的，不是留下兩蔣，而是留下台灣曾經走過的路。」這段路，有悲傷有歡笑，有艱難還有遠超過想像的「奇蹟」；這段路，屬於在台灣的每一個人。

第一章

這一天，他們同框

二〇二二年一月二十二日，「七海園區」正式開幕。台灣首座總統圖書館的成立，不僅是對蔣經國的追思，也是對民主轉型的一次深刻反思，歷任總統、副總統、台北市長齊聚一堂，象徵著對團結的渴望，然而背後卻也隱藏著歷史的複雜與爭議。這裡將成為探索過去歷史的橋梁，不僅是記憶的堆疊，更是不同信念交織的匯集所。生命會消逝，蔣經國的貢獻深植人心，而這份記憶將在園區中延續，啟發與未來的對話，在時光流淌中，庇蔭後代。

二〇二二年，一月二十二日，「七海園區」正式開幕。

其實，距離原定開幕日二〇二一年五月，已經晚了近半年，一方面因為細部施工還有待完善，一方面也因為新冠疫情，避免人潮群聚。為什麼選在蔣經國辭世三十四週年又九天的日子開幕？只能說「因緣具足」。

這一天，前後任總統馬英九與蔡英文，以及與七海園區相關的歷任台北市長郝龍斌、柯文哲全到齊，大病初癒的前副總統連戰也親臨現場，如果前總統李登輝還在，相信自許是「蔣經國學生」的他也會出席。柯文哲形容這場聚會是「冠蓋雲集」，為了慶祝第一座總統圖書館誕生，如此看似理所當然的貴賓陣容，在台前幕後其實還是經過不足為外人道的糾結，至少對蔡英文總統來說是如此。

蔡英文出席是「因緣具足」中的一環

蔡英文決定出席這場盛會，自己並沒有太多猶豫，但是她的幕僚顯然有不同意見，畢竟民進黨第二次執政的蔡政府，「轉型正義」是非常重要的執政指標，而所謂的「轉型正義」標的，就是代表「威權統治」的「兩蔣」，在她出席開幕式之前的掌政六年時間裡，被視為「國民黨不當黨產」的各種組織團體乃至資產，差不多已經被「不當黨產處理委員會」處理完畢，而「促進轉型正義委員會」（下文簡稱為「促轉會」）持續就威權時期嚴重檔案史料進行整理公布，最為爭議的——中正紀念堂該如何「轉型」還在爭議中；然而，收到蔣經國基金會董事長錢復邀請時，她很自然的反應是：「錢復邀請，我怎麼能不去？我還要講話。」

蔡英文依約蒞臨，對基金會而言，是「因緣具足」不可缺的一環，畢竟這是一座總統圖書館，是民間與政府協力推動的計畫，「總統」是國家的元首，在領導全國的角色上，沒有政黨之分。她簡要的致詞，起手就先謝謝錢復的邀請，「這不僅是對現任總統的尊重，也代表一種更開放的態度，來面對台灣社會對於前總統蔣經國主政時期的各項政策和社會事件的記憶與評價。」

「希望透過蔣經國總統圖書館所提供的資料，讓台灣社會更深入地了解，也能做更公正的評價。這將有助於化解台灣社會的分歧。否則，在台灣，前總統蔣經國永遠只是一部分人的蔣經國。有些人記得他所帶來的經濟發展與安全感，而另外有些人則記得他所代表的威權體制。」

蔡英文還特別引用蔣經國生前講過的一段話，「我們中華民國到今天之所以能生存、有前途、有希望、有信心，主要是因為中華民國政府在世界上是堅決反共、不與任何共黨妥協的精神堡壘」，她認為，即使兩岸關係的時空環境已經有很大的改變，但面對北京對台灣一波又一波軍事及政治的施壓，蔣經國堅定「保台」的立場，毫無疑問是當前台灣人民的最大共識，也是共同的課題。

見證台灣第一座總統圖書館誕生

蔡英文的談話，某種程度反映了她小小的懷疑，「會邀請我嗎？」這不是她個人的懷疑，而是社會氛圍愈趨兩極對立的現實映照；就像也有人嘲諷她「搶打蔣經國牌」以利「抗中保台」或選舉，但是對不介入政治、更遑論選舉的蔣經國基金會而言，邀請歷任總統見證第一座總統圖書館的誕生，是再自然不過的事，就像邀請催生這座圖書館的歷任台北市長一樣自然，這座圖書館是民主的產物——既是官民協力，也能得到不分黨派的祝福，因為蔣經國不只是國民黨的蔣經國，而是台灣人的蔣經國、中華民國的蔣經國。

更重要的，這座圖書館不是紀念碑或紀念堂，為神格化國家領導人而存在，相反地，其目的在於蒐集、保存、展示各種史料檔案，從而追索台灣來時路，特別是蔣經國主政的關鍵時刻，革新保台路線確立，因經濟上加大力度建設而在亞洲嶄露頭角，政治上則有計畫地終結威權體制，蔣經國每一道決策的刻痕，都深深影響台灣日後的發展，到現在都還是重要的參照。誠如蔡英文所說，台灣人民看待政治領袖的方式，已經和過去完全不同，「每一位總統的歷史定位，都應該由人民來決定。」圖書館能順利落成，某種程度就是一種民心民情的反應，而歷史總是比民意更冷靜，甚至無情，是功是過，在真誠的歷史研究者面前，都無所遁形，基金會無意只揚「功」而讓「過」遁形，而是讓各種面向的評價，都能在此開展。

基金會董事長錢復對圖書館的定位是：它是一座兼具博物館與檔案館功能的數位圖書館，服務對象是全球研究學者，除了典藏蔣經國檔案、舉辦學術活動與展覽文獻史料之外，還要利用數位科技整合海內外政府、民間和私人典藏相關的檔案與史料，建構數位資料庫，推動有關中華民國現代化經驗的研究，成為全球關注漢學研究資源的整合平台。

「蔣經國元素」其實已經融入時間長河，順歷史之流而行，既無法斷裂也無驚濤拍岸之醒目，就像七海寓所安安靜靜地在側，沉默但存在。

參與七海園區與圖書館甚深的建築師費宗澄，就大力肯定在園區建置一座圖書館的決定，「圖書館和紀念堂不同，前者意義更深遠，你拆不掉也拿不走的，若再來一個紀念堂就不可能有今日的成果。」若只是單純的紀念堂，無可避免會碰到所謂「威權象徵」或「威權地標」的政治爭議，圖書館則不然，在這裡有館藏、有研究，可以辦研討會，也可以讓市民或觀光客感受園區的景觀，以及館內的學術氛圍，走進蔣經國故居，體會蔣經國曾經的生活，其實那也是走過七〇、八〇年代的多數人的生活，所有的學術研究和蔣經國可以有關係，也可以沒關係，就像基金會過去三十多年大力推動的國際漢學研究，「這樣，這座圖書館就有了新的生命，從而延續下去。」

總統，真的錯了嗎？

七海寓所，可以沉默；圖書館，可以不與世爭；但民主不可能無聲。蔡英文總統親臨開幕致詞，還是掀起不小波瀾，最具代表性的有三件。第一件，官方的促轉會發表聲明，直指蔣經國生前掌握黨政軍情治，釀成大量白色恐怖案件，雖然未如其父（蔣中正）直接介入軍事審判，但扼殺民主運動，是促轉會定義的「威權統治者」，七海寓所於二〇〇六年被指定為市定古蹟的理由是：蔣經國「進行解嚴與民主化」，在經濟與文化建設上卓有成就，對威權事蹟卻隻字未提，且園區和圖書館皆以「蔣經國」命名，違反促轉條例，應依法改名或以其多元化方式處理。

促轉會不只是發出聲明，事實上，還曾「實地勘查」七海園區，要求改名；蔡英文並未直接回應，但由總統府發言人張惇涵出面表示，「團結台灣、化解分歧」是蔡英文身為總統的責任；蔡英文也期待，包容分歧、團結台灣，讓國家往前進步。

真促會的嚴厲聲明

第二件，是「台灣民間真相與和解促進會」（下文簡稱為「真促會」）也發出措詞嚴厲的聲明，指陳蔣經國作為獨裁政權繼承者，最大目標就是維護政權，以軟性革新訴求收編本土菁英，以高壓政策對付反對勢力，造成美麗島大逮捕，而八〇年代林宅血案、陳文成命案、劉宜良命案，更是威權政府最後的暴力恐嚇，直到民進黨成立，在內無法遏止台灣人民追求民主的浪潮，在外則有國際壓力，迫使蔣經國不得不讓步，宣布解嚴前還先要求立法院通過《國家安全法》，延續威權時期對言論集會與入出境的限制，如果不是台灣民眾在解嚴前後街頭運動「狂飆十年」，提出一連串改革訴求，台灣民主體制無從建立；而「兩蔣」反共是為了與共產黨爭奪中國統治權，並非為了追求民主，民進黨政府卻把「開明統治」與「反共保台」兩大冠冕頒給蔣經國，「重拾威權論述，無視先輩們的血淚犧牲，消解民主運動正當性，而發揚威權論述的後果，不只嚴重挫傷轉型正義，更將傷害台灣民主價值。」

真促會的怒氣，不只衝著蔡英文總統出席「七海園區」開幕典禮而來，還衝著十天前在蔣經國逝世週年舉辦紀念音樂會、肯定蔣經國「反共革新保台」是「寧靜革命先行者」的國軍退除役官兵輔導委員會（下文簡稱為「退輔會」）而來。

第三件，是曾為總統文膽的前海基會副董事長兼祕書長、社會學者姚人多，發出長文直斥「總統，你錯了！」姚人多的怒氣不只針對蔡英文，同樣還針對退輔會舉辦紀念音樂會，部分綠營人士沾沾自喜於搬走了國民黨獨享的蔣經國神主牌，為了幫蔡英文出席七海園區開幕辯護，蔣經國功過相抵的論點也再度出現。

寧靜革命的先行者

對真促會與姚人多的嚴厲指責，蔡英文或總統府保持緘默。不過，開幕當天，退輔會副主委李文忠全程參與，典禮結束還跟著基金會導覽參觀圖書館與七海寓所，早在解嚴前就主張學生代聯會主席普選而遭到台大留校察看，繼而退學的「學運先輩」，不否認稱頌蔣經國是「寧靜革命先行者」，因而惹怒「革命老夥伴」的退輔會聲明稿出自他的手筆，但是否那麼精準算計「把轉型正義拿到政治市場交換」？不無疑問。畢竟退輔會是蔣經國一手創辦的機關，榮民榮眷的生活始終是蔣經國最掛心的事項之一，只要到地方訪視，榮家都是蔣經國必訪之地，因為不同的感情，即使轉型正義喊得震天價響，退輔會歷任主委仍無人肯搬走會裡的蔣經國銅像。

李文忠很直率地表示，對於「革命老夥伴」的質疑，他一點意見都沒有，台灣曾經走過的路，沒有人能消去，不論是美麗島事件、林宅血案、陳文成命案，都曾經是時代中的巨大陰影，「威權時代之過，兩蔣無可迴避，也不必爭論」，但是，聲明之目的在為紀念音樂會點題，不是要寫蔣經國評傳，自然著重其功，不會刻意討論其過。蔣經國到底對台灣民主有多大貢獻、占多大功勞？可能見仁見智，「但獨裁統治者，九十八個對反對運動會鎮壓，蔣經國是少數沒有採取鎮壓手段的，這一點，還是要肯定。」

更重要的，蔣經國晚年開放黨禁、報禁、國會全面改選等一系列政治工程的討論，並在他人生最後時刻宣布解嚴，這一切都為初就任而毫無權力基礎的前總統李登輝挪開路障，若非「繼承蔣經國遺志」，爾後的「寧靜革命」或許會比預期的更加動盪，這也是為什麼李登輝一生走到最後，還是自我標榜為「蔣經國學校的學生」，不諱言從蔣經國身上學到很多事。就此而言，「寧靜革命先行者」是呈現歷史的事實敘述。

退輔會作為照顧榮民的單位，「榮民的思考、感情、價值當然是我們要關心的」。

李文忠進一步解釋蔡英文的想法，當她把中華民國和台灣連結在一起的時刻，不只是國號，包括「國家」的內涵、價值都要理解及尊重接納，而所謂的價值與內涵，當然不能只是綠營的或藍營的，而是整體的，這是尋求內部團結不可或缺的一環，何況民進黨兩次執政都已經十四年，政府對於過去的歷史面貌，乃至兩蔣功過，理當有更全面、真實與公允的評價。李文忠或許不能代表民進黨的全部，但的確做了努力，而且在音樂會告一段落後，即使引起部分「同志」的批評，他還是為第五屆音樂會的籌備開始奔走，不怕再被罵嗎？他樂呵呵地說：「沒有啊，我覺得絕大多數人是肯定我們這麼做的。」

民主才是當下的最高價值

蔡英文真的錯了嗎？前民進黨主席許信良不這麼看，他支持蔡英文出席開幕活動，因為「民主價值才是當下的最高價值，轉型正義並不是」。許信良認為，台灣民主化過程既然選擇了和平轉型，自然會包含一些歷史的不公不義，轉型正義若要徹底，比方東德或過去南非的白人政府，那些「舊日威權」都得徹底垮台；然而，代表台灣威權體制的國民黨，同樣在轉型過程中逐步民主化，不但依舊存在，而且還是強大的政治力量，蔡英文不顧幕僚反對堅持出席開幕，某種程度就是彰顯民主價值重於轉型正義，民主就是要包容不同信念，對蔣經國的評價也是不同陣營的政治信仰，「何況蔣經國在民間的評價中，並非少數的政治信仰。」唯一可惜的是，蔡英文在出發之前應有更多鋪排、出席之後應再有加強的論述，會得到更多正面肯定。

許信良，崛起於蔣經國「催台青」的年代，領著國民黨的中山獎學金赴英深造，與張俊宏、張紹文、包奕洪合著〈臺灣社會力的分析〉獲蔣經國青睞，一九七三年獲國民黨提名並當選省議員，問政犀利搶眼，一九七七年違紀參選桃園縣長被開除黨籍，蔣經國曾數度赴桃園親訪這位桀驁不馴的縣長，後因橋頭事件被監察院停職；美麗島事件後，人在美國的許信良淪為「黑名單」，長期不能返台，直到解嚴。許信良是民主萌動年代的代表號之一，他的個人經歷，某種程度也反映權力者對統治鬆緊的矛盾與糾結，權力者如何回應時代的鼓聲，決定了未來的走向，以及創造下一個世代的可能。

曾經深植的，葉落之後仍庇蔭後代

「每個人心中都永遠存在著一個美麗的花園，而美麗，必須要進入你的生活，才會有它真正存在的價值。」對花藝有敏銳品味的知名服裝設計師陳季敏，因緣際會也參與了圖書館的開幕。她和蔣經國完全沾不上邊，卻義務為會場布展，為什麼呢？「我們那個年代啊，我覺得蔣經國對台灣經濟貢獻最大。」輕聲輕語的陳季敏，說出很多人的心聲。

陳季敏與陳文茜的輕聲追憶

開幕當天，走進大堂的賓客，享用點心時就會注意到，各方送來的花籃或蘭花為主的盆花，並未大張旗鼓地占據會場，相反地，群花錯落有致地廁身在代表「天地一沙鷗」曲線燈光旁，海鷗燈由三百七十一根ＬＥＤ燈構成，代表蔣經國主政時期的三百七十一個鄉鎮市區。陳季敏一句，「我想重新理一理」，平常行禮如儀的致賀花籃，就成了極有身段的舞者，姿態曼妙；不僅如此，陳季敏特別到山區尋得一棵身姿傲岸的枯樹，她把致賀花籃上的名牌吊在枯樹上，成了別具風格的「許願樹」，這棵樹上，掛滿致賀者對舊日時光的追憶，對此刻歲月的感恩，還有對未來的祝禱。主持人暨作家陳文茜為這棵樹寫了一首詩〈如風鈴紙吊在枯樹上〉：

「樹已枯萎，斯人也已逝去。

但你知道得清清楚楚

生命會消逝，某些曾經深植的、啟動的、茁根的，即使落葉之後，仍庇蔭後代。
於是追念，不只是追念：感恩，不只是感恩。
池塘上波瀾不止，
一圈又一圈，
您心中曾經的國家、城市，已愈來愈茁壯，
每一根新長的枝葉，都持續地訴說，我們曾經的故事，
沒有人能忘卻先人的貢獻，
在這裡曾經的對與錯，
現在、過去和未來，
都將被一一記載。
此刻，這裡，凋謝本身也是生命……
感懷，追念，盈滿枯萎之樹。」

除了這首詩，她還寫了一篇文章〈一座總統圖書館的誕生〉，非常值得作為這一天的注腳：

「這是台灣第一個總統紀念圖書館——蔣經國總統圖書館。在國外，從羅斯福、杜魯門、尼克森，到卡特、布希總統圖書館……這些圖書館，談的不是功過，也不是神化一位掌權者，而是把一位創造歷史的人物相關的史料，忠實地保存，其他留給後代評價。

蔣經國總統對台灣政治經濟的影響太深……

在政治方面，蔣經國有兩種評價：戒嚴強人，及晚年自一九八四年選擇李登輝當繼承人、一九八六年接受民進黨成立、一九八七年解除戒嚴……，成為一位由強人轉型為民主政治開放者。他晚年最著名的話：「我是中國人，我也是台灣人。」

在經濟方面，自一九七二年蔣經國出任行政院長，正式掌權。從那一刻開始，蔣中正回大陸的夢已碎；建設台灣，而非反攻大陸，成為蔣經國的施政主軸。

他的十大建設為人所知；也是他在一九七三年成立工研院，延攬海外人才，蔣經國先拍板定案新竹科學園區，接下來由蔣經國的行政院祕書長費驊找到他的交通大學同學潘文淵，當時潘文淵是美國最強的半導體公司RCA研發部門的主任，他全面協助台灣發展半導體；最後於一九八五年，工研院人才成熟到一個階段，潘文淵向蔣經國建議延攬張忠謀回台，薪資比照德州儀器副總裁的薪水……那對當時的台灣是一個突破式的、前所未有的重要決定。

一九八六年，台灣的半導體落後美國、日本至少三十年，全球最大的半導體製造商是日本，直到一九八八年。其中轉捩點是當時的美日貿易戰，一九八六年，日本 Toshiba 被美國FBI設下陷阱抓到他們竊取IBM智慧財產權，日本政府簽署二十年不發展半導體投降條約。隔年（一九八七年），蔣經國離辭世只有一年，他快速抓住了國際局勢，下令傾舉國之資金，包括半勒令王永慶、何傳投資……唯一外資是荷蘭飛利浦……成立台積電。同一年，韓國三星也成立半導體公司。

蔣經國栽培的政治人物，從高玉樹、李登輝、馬英九、宋楚瑜、連戰……幾乎在二〇一〇年之前，台灣政壇活躍的人物，仍然和他息息相關。」

陳文茜筆下的蔣經國，「權傾一時之際，多少逢迎之人，但他刻意在官場維持距離，與民間小販往來甚多，與企業鮮少接觸。晚年他在寂寞中，敲定了你我今天熟悉的台灣。」

蔣經國，就在七海寓所，用他寂寞的餘年，擘劃出如今台灣的面貌。這正是今日七海故居還值得留下來的原因，歷史，曾經在這裡駐足。

陳文茜還提出了幾個大哉問，從威權強人轉變為奠基民主的改革者，促使他改變的是什麼？她說：「這不是政治論述，而是一個歷史性的大題目。」在建設台灣部分，他於一九六九年的訪美，是否代表父親最後一次提出「國光計畫」反攻大陸被美國拒絕？是否被美國告知美國即將結束越戰？是否被美國暗示美國將支持中華人民共和國取得聯合國安理會常任理事國席位，取代中華民國？從此以後，蔣中正慢慢退出權力，交給兒子……？陳文茜說：「所有的史實也仍待各方史料研究。」

請他把民主送給台灣

這些「仍待研究」的「歷史大題目」，正是蔣經國總統圖書館所以能歷經多年籌謀而誕生，以及未來持續存在的理由。歷史需要不同面向的書寫，圖書館可以提供書寫者賴以研究的平台，蔣經國的各種面向，當然不只是他曾為權力者的功過，還有那個時代的國家經濟，乃至人民生活的日常。

陳文茜，知名節目主持人，用她自己的話說，蔣經國在世時，因為民主理念不同，她「一直是對抗者」，從大學時期她就活躍於黨外陣營，曾經為林義雄夫人方素敏競選立委，和尤清競選台北縣長出任競選幹部，還擔任黨外雜誌《新潮流》主編，因為她把蔣經國當禮物用綠色彩帶包起來，「請他把民主送給台灣」，雜誌被查禁，她被調查局約談，案由是：侮辱元首，她母親趕緊把她送出國讀書，這是解嚴前的事，直到一九九四年，李登輝主政期間，她才返台，並出任民進黨文宣部主任兼發言人，那時候她是台灣最美麗、曝光度最高的政黨發言人；二十八年後的今天，蔣經國總統圖書館落成，是她「和蔣經國關係最好的一次」。

蔣經國離世三十四年後，有人願意與蔣經國、兩蔣代表的威權時代和解，像陳文茜或李文忠；也有人還是不願意和解，或者覺得可以和解，但真相還是必須一次再一次地被挖掘、被批判，以為後人警鑑，像反覆追求轉型正義的人們，但不論何者，在這裡——七海園區，歷史不為辯解而存在，歷史只負責留下走過的痕跡，而功過留待他人評述。

第二章

三位市長，留下一個歷史地標

蔣經國故居的保存與轉型，見證了三位台北市長——馬英九、郝龍斌、柯文哲——在不同時代背景下的政策選擇與實踐。馬英九市長於任內推動七海寓所古蹟化，賦予這一政治與文化資產歷史價值，為未來奠定了基礎；郝龍斌則在其任期內推動故居的擴建與園區化，解決了軍方與北市府間的土地協調問題，並積極開放此歷史場域供民眾參觀，形成具學術、文化價值的地標；柯文哲則以更為現代化與開放的態度，強調歷史的多元解讀與轉型正義的必要性。三位市長，不僅塑造了這一歷史地標，也反映出台灣對過去歷史的不同理解與詮釋。

為什麼不做呢？以經國先生的成就，
做一個圖書館是絕對要考慮的。

——前總統馬英九

因為他是蔣經國，基於對蔣經國的感佩和他的民間聲望，
即使反對者也不想在這件事上多生事端。

——前台北市長郝龍斌

蔣經國是人，不是神，凡發生的就是歷史，
轉型正義不是勝利者的正義，這是我的態度，
我做的，就是不阻擋而已。

——前台北市長柯文哲

馬英九卸任市長前半年，指定寓所為古蹟

二〇〇四年十二月十五日，在七海寓所孤獨度過十六年的蔣方良離世，寓所就進入一個低度（近乎無人）管理的階段，「軍方的門禁」更讓這裡成為一個禁區；一年後的十二月十七日，蔣經國基金會第六屆董事會第四次會議提出討論，評估接管七海寓所的可行性。那個時候，並沒有太具體的想法，北市府會找上基金會，目的在找到一個最適合的單位，協助蔣經國遺物的鑑識及故居文物整理，基金會執行長朱雲漢兩度出席協調會，為求慎重，特別邀請中央研究院近代史研究所與近代史學者，包括張玉法、陳永發、張力、楊翠華、劉維開、呂芳上等教授組成「七海官邸文物學術諮詢小組」；再過半年，二〇〇六年的七月十八日，北市府正式指定「七海寓所」為市定古蹟，也只是簡單地想留下蔣經國晚年生活的場域。

直到二〇〇八年，北市府積極規劃「七海寓所古蹟再利用方案」，從年初（一月十三日）寓所首度開放參觀，九月委託中研院陳永發教授進行「七海文物清點計畫」，並委託鼎騏建築師事務所提出「七海寓所調查研究報告」，這一切都是在為擴大故居成為紀念園區並興建「蔣經國總統圖書館」做準備。蔣經國基金會則是北市府力促參與興建與營運的主要對象，基金會則徵詢史學界與政府部會，反應都極為正面，認為這具有

保存重要史料與學術研究意義，對蒐集、保存、整理及利用分散海內外的文獻檔案也有事半功倍之效。第七屆董事會第四次會議，推舉毛高文、許倬雲、徐旭東、張忠謀、錢復、劉翠溶六位董事，與董事長李亦園、執行長朱雲漢，組成「蔣經國總統圖書館籌劃小組」，由毛高文和錢復共同擔任召集人。

在這次關鍵會議，基金會就確定由北市府提供建築基地，基金會負責籌資設計、興建、營運，簡單講，就是不靠政府補助，不過這個ＢＯＴ案，還是需要法規修繕的配合。這個決定是艱難工程的開始，卻也是化解政治爭議的高明之法。

二〇〇八關鍵年

為什麼二〇〇八年會成為「故居擴大為園區」的關鍵年？歷史的必然，總有政治必然的累積。馬英九在二〇〇六年卸任台北市長五個半月前，核定了七海寓所為市定古蹟，距離蔣方良辭世一年半；直到郝龍斌接任市長一年後，園區規劃才算是「有眉目地啟動」。

一年時間裡發生了什麼事呢？時任台北市文化局局長的李永萍不諱言，「來自市議會的壓力也不小啊。」特別是厲耿桂芳對推動寓所開放非常積極，二〇〇七年九月下句，厲耿桂芳率大批媒體實地「會勘」寓所，尷尬的是，寓所在國防部營區內，因未經軍方許可，大批人馬被擋在拒馬之外，厲耿桂芳在大太陽底下表示：「軍備局一直要我們等等等，等到現在，純文化的行動，等什麼呢？」到底是軍方拒絕還是蔣家拒絕？其實，寓所裡哪還有蔣家人呢？幾經協調，耗了四十分鐘，終於同意議員和文化局人員入內會勘，但媒體不得進入拍攝；再過四個月，才有二〇〇八年一月的首度「閃開放」，不過，也因為這一次開放，就知道年久未修的寓所，無法負荷正式開放後可能的人潮。

兩個月後，二〇〇八年三月二十二日，馬英九當選中華民國第十二任總統，園區規劃這才到了「水到渠成」的關鍵時刻，畢竟即使中央、地方政府都不出資，僅僅是與軍方協調營區與用地，就不是地方政府能獨力完成，而中央政府是否願意配合協助？當然差別甚巨。二〇〇八年四月十七日，李永萍在議會答覆厲耿桂芳的質詢：「有關士林官邸及經國先生故居的部分，先前因某些因素卡住而動彈不得，不過五二〇（總統就職）之後，這個問題應該可以加快腳步處理。」已經預告園區加速推動的關鍵節點，正是馬英九當選。

在滿天星空下，歷史迎面而來

馬英九，在美國獲得哈佛博士學位後，於一九八一年，在錢復推薦下出任蔣經國英文祕書，在一九八八年蔣經國逝世前，馬英九曾任總統府第一局副局長、國民黨副祕書長，負責政黨外交，是蔣經國晚年擘劃政治開放的重要幕僚之一。但是他和蔣家人往來並不多，出入寓所次數有限，也僅及於公務，蔣經國三子蔣孝勇是高他一屆的同學，但沒有往來，後來蔣孝勇轉念陸軍官校卻因為跳壕溝摔傷，重回台大，有一次蔣孝勇向他借筆記，借是借了，卻滿心狐疑——「筆記不是都要向女同學借嗎？」談到這一段往事，馬英九還是忍不住發笑。

與蔣經國共事的六年多，工作多半在總統府，直到最後一年，蔣經國健康大不如前，馬英九偶爾也會到寓所協助接待外賓，比方時任美國在台協會台北辦事處處長的丁大衛。而讓他印象深刻、迄今難忘的有兩件事：第一件是開放老兵探親，第二件則是研議中央民代退職方案。

馬英九憶母，擬出「穎考專案」

一九八七年是中華民國發展的關鍵年代，當年七月宣布解除戒嚴，十一月宣布開放老兵探親，不但戒嚴體制鬆綁，兩岸也打破隔絕三十八年的藩籬。那年的三月，有一天馬英九翻譯結束，起身敬禮準備回辦公室時，蔣經國問他：「最近有什麼特別的事？」馬英九回應：「有啊，老兵在西門町拉起白布條，上面寫著：想家。（立委）趙少康、洪昭男、李勝峰等都建議開放探親，很多人改道香港回去（大陸），只要護照簽證不蓋章就查不出來，守法的不能去，違法的都去了。」蔣經國聽了沒多說什麼，要馬英九去找張祖詒（時任總統府副祕書長）。

馬英九找上張祖詒，張祖詒說「總統準備開放了」，但要擬一個辦法，既能讓老兵返鄉，也不能違背蔣經國的「三不政策」（不接觸、不談判、不妥協）。馬英九花了一個多月，在四、五月間擬出「穎考專案」，由紅十字會擔任仲介團體。專案名為「穎考」，典故出自於《左傳》的〈鄭伯克段於鄢〉，其大意是：莊公平亂後，與母親決裂，立誓「不及黃泉，不見母親」，但不久卻後悔了。官員「穎考叔」聽聞此事，趁莊公賜宴時，把好菜留著不吃，「母親從未嘗過御宴，要留給母親。」莊公悔恨說：「我沒有母親可盡孝道了」，穎考叔說：「不用擔心，只要挖一條地道，挖到黃泥泉水，在地道中相見，就不算違背誓言了。」莊公大喜，立刻挖地道，母子重歸於好。

這是馬英九母親秦厚修教他背的第一篇古文，馬英九迄今不忘，也就用了「穎考」

作為促成親人團聚的專案名稱。因為事涉機密，全案由馬英九親自撰稿，甚至沒交給總統府的機密打字員毛美蘭，先給張祖詒閱後，再重抄一遍送蔣經國。蔣經國非常滿意這個案子，直接交給中央黨部祕書長馬樹禮和行政院長俞國華辦理；十一月，老兵就成行了。

協助研議「中央民代退職方案」

第二件是「研議中央民代退職方案」。一九八六年三月底，國民黨召開第十二屆三中全會，旋即於四月成立「政治革新委員會」，著手研議國會改革、開放黨禁與解除戒嚴等重大議題；五月提出六大主題：充實中央民意代表機構、地方自治法制化、國家安全法令、民間社團組織制度、社會風氣與治安、黨的中心任務等；隔年，一九八七年的七月間，李煥接任黨祕書長，任務就在加速推動台灣民主化工程，馬英九分派到國會改革小組，工作是草擬第一屆資深中央民意代表退職方案，這個組的召集人是李登輝（副總統）。

一九八七年十一月的某一天，蔣經國找馬英九問他進度如何？馬英九告訴他，碰到了瓶頸，很多人要求設置「大陸代表」，不然國會的「全國代表性」恐怕不足。因為大法官在一九五四年有一號解釋（釋字第三十一號），國家緊急情況繼續行使職權，讓一九四八年選出的中央民意代表，任期屆滿卻能依大法官的解釋全部留任，當年都沒選，三十年後怎麼能選？而台灣選出大陸代表豈不是笑話？當時，老代表們對馬英九非常不滿，總叫他「小紅衛兵」。更重要的，李登輝告訴他：「馬副祕書長，你知不知道我們這個小組一年都沒開會了？」因為小組成員都是老代表、老立委，他們就是不肯開會，說不具「法統」。

蔣經國要馬英九去查，國民政府遷台有沒有宣布過政府還代表全中國？馬英九回答：「我印象中好像沒有，但會馬上去查。」幾天後，馬英九再向蔣經國回報，查過國民政府公報，發現當時並沒有做這樣的宣布，蔣經國聽完報告後說：「英九，只要依照中華民國憲法選出來的，就是代表全中國（中華民國）。」

蔣經國的反應，讓馬英九大大鬆了一口氣，因為他雖然認為「大陸代表」不合理也不必要，現實上還有實施的難度，但並不清楚蔣經國想法如何，蔣經國一句話，就解開了一個死結，爾後所謂的「大陸代表」很自然轉成現在的「全國不分區」。

當時，馬英九步出七海寓所，看著滿天星斗，吹著七海潭的清風，滿心感動，想著，「我這老闆真是英明。」蔣經國一句話化解老代表堅不退職的「法統」難題，一句話成為台灣民主進程的樞紐，改寫了歷史。若不是蔣經國的這句話，國會改選該如何執行實難預料，而國會全面改選的工程勢必會再延宕許久。

「他的眼神，我迄今難忘」

遺憾的是，兩個月後，蔣經國就與世長辭，當喪禮都辦得差不多了，帶著立委赴美參加祈禱早餐會才返台的馬英九，急著赴頭寮祭拜；馬英九紅著眼說：「我是跪地痛哭。」想著老人家在生前的最後時刻，為國家指明一個正確方向，想著一個月前在中山堂，民進黨國大代表拉起布條大聲叫罵，蔣緯國將軍與之對罵，蔣經國坐在輪椅上靜靜地看著，「他的眼神，我迄今難忘。」

「以經國先生的成就，有一座紀念圖書館，是絕對要考慮的。」而指定寓所為古蹟，只是第一步，接下來的，還有無數繁雜的事務必須一一克服。

寓所古蹟擴大為園區，郝龍斌主動提出

李永萍回憶，初接文化局長，議員的嚴厲質詢讓她倍感壓力，但議員的提醒與要求都說得對，既是市定古蹟，哪能指定完就撒手不管？二〇〇七年九月的會勘，中央還是

民進黨執政的陳水扁政府，軍方的做法也很被動，但因為是議員與文資單位依職權會勘，即使費了不少力氣和溝通，態度還算客氣。而她自己踏進寓所第一眼，就受到極大觸動，原來國家元首的生活是如此儉樸，幾乎沒有多想，就決定規劃。隔年（二〇〇八年）一月十三日，於蔣經國逝世二十週年時對外開放，她會有如此把握，當然因為市長是郝龍斌，以郝龍斌與軍方的淵源，協調阻力應該小很多，果然，一報告就得到郝龍斌的支持。

一日開放，四百張號碼牌旋即發放完畢

照原本的想法，好不容易促成開放，希望至少能開放兩三天，但從動線到安全，有太多非北市府職權所能及，軍方對北市府要求開放也覺得突兀，加上文化局尚未著手修繕，貿然湧進人潮難免損及文物或建物，最後同意軍方紀念性地開放一天。那是一個下著雨的週末，等著領號碼牌的民眾大排長龍，限額入內的四百張號碼牌，在早上九點半就發放完畢，上千民眾只能在庭園參觀。

這一天開放，李永萍做了關係重大的兩個決定：一是讓民眾參觀，二是找電視台拍紀錄片，並得到紀錄片的公播權，在四百人之外得到更多民眾注意，這是以民心作為與

軍方交涉的籌碼，她向郝龍斌提出的建議方案是：如果開放故居是永久計畫，就不能在軍方營區管制的環伺下，只有一間孤伶伶的小房子，她特別搬出《文化資產保存法》為後盾，該法的核心精神是：一旦指定為古蹟，就要開放參觀，要有保存、教育、展覽等符合公眾利益的活動，如果寓所進出都要由軍方設置關卡，既不方便民眾進出，也有違《文化資產保存法》的精神。李永萍在文化局長任內，以高強度的方式處理市定古蹟，包括台灣大學都被她罰了五十萬，就因為台大擁有不少市定古蹟（名人故居），卻抱著古蹟不開放。

李永萍雙線並進，規劃漸露曙光

李永萍的原始構想，還只是小規模的擴充，七海潭都不在她「痴心妄想」的範圍內，比方換地，把侍衛住處變成待客或售票的地方，至少能讓寓所出入口和軍方的門衛管制區隔開來。印象裡，把市定古蹟擴充到園區，就是郝龍斌提出的。

寓所開放一天，旋即關閉，除了建物未及修繕，裡面的物件尚未清點移交也是重要原因，這是一個大工程，很多人不理解這麼一幢小房子，怎麼能搞那麼久？根據蔣經國生前的交代，遺物處分權交給長孫女蔣友梅，但她長年旅居國外，處理並不方便，涉及家屬的私人物品，諸如蔣方良的旗袍等，就算留下來都不能全部展示，能爭取的就是諸如蔣經國用過的文物，掛在牆上的蔣經國母親畫作盡可能保留下來。清點並列出財產清冊，是開放寓所標準作業的第一步，也是最困難的一步，於是李永萍雙線並進，同步找建築師發包規劃故居修繕等工程。這個階段，園區規劃併入七海潭，就愈來愈露出曙光。

基金會執行長朱雲漢回憶，蔣家家屬對開放故居，心中多少不捨，因為這是私人領域的空間，但是依舊很熱心商議此事。擴大七海，是他和李永萍、蔣友梅討論後確定要重新指定範圍，因為當年的「七海」並不是北市府原先指定的七海寓所一小塊範圍，還有蔣經國的活動空間，要做就要回復過去的範圍，把一大塊已經劃撥成為軍方停車場的整塊地再劃回來。

時運當好！市長是郝，總統是馬

朱雲漢直言，擴大七海園區規模，海軍原本是不贊成的，他只能請總統馬英九幫忙，希望海軍配合。主要是保留完整門面，比方故居前的道路一直是「都市計畫道路」，有了七海寓所後則繞道成現在的模樣，但還是「都市計畫道路」，北市府並沒有做額外的事；但從第二次指定古蹟範圍到海軍點交重新劃定地界，就花了四年，在這四年裡，就更換了三位海軍司令，如果不是郝龍斌進入北市府、馬英九進入總統府，這件事很難做到。

「推動蔣經國總統圖書館和開放寓所，阻力其實不大，幫大忙的是軍方，畢竟軍方捍衛國土，要讓他們把營區一塊放出來，他們就說守土有責；從我的角度看，能促成這件事，我是祖上積德。」郝龍斌談到這段話時還難掩於色。

相對中正紀念堂做什麼都不對、怎麼做都有抗爭，蔣經國總統圖書館和七海園區確實安靜許多。

中正紀念堂爭議持續了整整兩年！對比之下，難怪郝龍斌會以「祖上積德」形容七海園區推動順利，套用李永萍的說法，「時運正當好，市長是郝，總統是馬」，郝龍斌有軍方的管道，馬英九既曾為蔣經國祕書，又是核定古蹟的市長，馬英九當選，郝龍斌就說：「這件事趕緊找馬總統。」

總統馬英九協助的，就是把古蹟保存從獨幢寓所擴大到目前的園區，因為寓所前有潭後有山，都是蔣經國在世時的休憩活動範圍，為了維持周邊地景與生態的完整，不能不與海總協調讓地。

回憶這段過程，郝龍斌認為，沒有反對的阻力，但還是有支持力道不夠的阻力，以軍方來說，「守土有責」是他們的天職，但在不肯讓地之外，還涉及寓所「既在營區範圍之內，又非營區管轄之所」，海軍司令部從停車場、原樂儀隊宿舍，乃至寓所相鄰的護牆等，都疏於維護，環境可以用「亂七八糟」四個字形容，前後兩任海軍司令高廣圻、陳永康都幫了很多忙，諸如搬走儀隊宿舍、將汽車大隊的牆讓出來，都是他們同意的。

六年反覆協調，規劃設置順利

除了馬英九，郝龍斌父親、前行政院長郝柏村，與軍方、蔣家的淵源當然也起了相當大的作用，只要郝龍斌開口，軍方不會輕易說「不」。郝龍斌還很有心，「因為是市定古蹟，我們依程序把附近地目都改了並公告之後，才和軍方商談，擴大之後，園區四點八公頃，全部涵蓋在內，還請軍方把環境都要初步整理好。」

雖然郝柏村是當年經常進出寓所的人員之一，但郝龍斌少時從未去過，當了市長要處理故居時特別前往會勘，後來也曾帶父親進去過；重回故地，郝柏村說：「和原來一模一樣。」那時郝柏村每週去一次，當裡頭有人的時候，他們就在掛有毛夫人照片的書房裡等。

「既然要做圖書館，就要做到最好，讓大家看看總統的言行身教應該是什麼樣子。」郝龍斌話說得輕鬆，如果當時不是馬英九當選總統，協調還能不能這麼順利？確實不無疑問。他會這麼篤定要擴大園區範圍，和那幾年的政治氛圍密切相關，一方面中央地方融洽，另一方面郝龍斌不諱言，兩岸關係也融洽，那幾年陸客觀光特別興旺，陸客最喜歡的景點有三：蔣中正的士林官邸、李國鼎故居（二〇〇三年指定為市定古蹟）、孫運璿故居（二〇〇六年指定為市定古蹟，二〇一四年以「孫運璿科技人文館」之名重新開幕），遺憾的是，反而是台灣的年輕人多半不知孫運璿是誰。基於這些經驗，他相信蔣經國故居會是陸客來台必訪的景點，這也正是台灣可以給大陸的示範之一。

北市府正式擴大古蹟指定範圍，規劃設置「七海園區」，已經是二〇一二年二月，從七海寓所到七海園區，一走就是六年。兩年後，台北市迎來新的市長柯文哲，四年後中華民國迎來新的總統蔡英文，儘管斗轉星移，七海潭依然靜謐地等著重新面向世人。

約已簽、土已動，柯文哲對歷史很寬容

這段時間，基金會和北市府都沒有閒著，北市府著手寓所修繕，從屋頂防水到後山

步道、七海潭周邊下水道的實地會勘；基金會則「軟硬兼施」，包括歷史檔案的整理，從委託黨史館進行的蔣經國影像數位化、委託華藝公司進行的史料老照片數位化、委託中研院進行的「蔣經國先生大事長編」和「蔣經國先生侍從人員訪問計畫」……，同時接洽建築師事務所與工程顧問公司進行園區的設計規劃，幾經周折，確定由旅居海外的建築師符傳禎規劃設計蔣經國總統圖書館，並與「中華信望愛基金會」簽下合作備忘錄，共同向北市府提出ＢＯＴ計畫……。二〇一四年七月底，七海寓所修復工程完成；同年八月二十八日，七海園區動土典禮，這背後還有數不清的波折和故事，而距離郝龍斌卸任，也只剩下四個月。

但不論如何，郝龍斌任內確定園區擴大後，才會有全區ＢＯＴ的規劃，這也是讓園區最終可以不受政治干擾的關鍵決定。李永萍舉例，市定古蹟一般單純修繕故居，以慣例和北市府的預算都不是問題，大概一千多萬整修，再用一個ＯＴ案委託營運，比方士林官邸的ＯＴ案，就是委託中正文教基金會營運，由基金會自負盈虧，有盈利空間的ＯＴ案就採取分潤模式，沒有盈利可能的，政府還能給予若干補助，如二二八紀念館，文化局每年都有編列預算補助。

但園區擴大為「寓所與圖書館並存」之後，思考方式就必須轉變，李永萍在內部會議上就清楚表達，北市府絕對不能自行興建，即使政治氛圍有利（中央是總統馬英九，地方是市長郝龍斌），但議會監督依然嚴厲，民進黨對兩蔣的威權象徵仍然一步不讓，就算此刻議會是國民黨過半，若政黨輪替了呢？此外，若要興建紀念圖書館，政府也挪不出那麼大筆的預算，尤其是為了中正紀念堂的牌匾都和民進黨大吵其架，實在不宜為七海園區再生政治爭端。

她和郝龍斌商量的結論是：此事由政府出資，相當不妥，唯一能考慮的是政府——包括中央政府和北市府——不要百分之百出資，而是提供一筆北市府能負擔的補助款，其餘的則找民間資金合作。蔣經國基金會很理解政治干擾會是最大的麻煩，於是這個官民合資的想法，從一開始就被打消，基金會決定百分之百自籌經費，這給了蔣經國總統圖書館和園區一個相對清朗的空間，卻也給基金會帶來沉重的負荷；好處則是，園區果然不受政黨輪替影響，終於完成了中華民國第一座總統圖書館的夢想。

柯文哲就任，一時之間風聲鶴唳

即使如此，柯文哲市長就任後的第一年，還是來來回回送交多次計畫的修訂版、召開多次都市計畫審議委員會，二〇一五年十一月十五日，柯文哲率副市長鄧家基與北市府相關人等，親自會勘七海園區。

即使約已簽、工程已動土，誰都沒辦法預判，柯市府會不會別有想法，畢竟挾高票當選入主北市府的柯文哲，以「改變台北」為政見，才上任就鎖定「五大案」——大巨蛋、三創園區、美河市、松菸ＢＯＴ、雙子星，揚言要「查弊拆蛋」，一時之間風聲鶴唳。

朱雲漢回憶與歷任北市府的「磨合」，堪謂「百般滋味在心頭」，ＢＯＴ案沒有問題，問題在如何鞭策上上下下提出一份漂亮的招標文件，這對公務員而言，的確有巨大心理障礙。非關政黨是否輪替，畢竟不論是紀念圖書館或寓所故居，要援引《促進民間參與公共建設法》（下文簡稱為《促參法》），都有點勉強，既要保證財務還要能自償（賺錢），要做到損益平衡還能把本金收回，幾乎是不可能的任務；過去沒有「公益導向的ＢＯＴ」，七海園區的主要設施是學術研究的圖書館，社會教育功能的蔣經國故居，除了門票，提供的服務基本不收費，商用面積定在一定比例以下，如何有足夠收入就是一大難題，更遑論收回本金。

在馬英九時代，陸客訪台屢創新高，園區附近的忠烈祠天天爆滿，朱雲漢設想，如果能吸引大陸觀光客，或許可以支應，但北市府官員還是有人持保留意見，特別是有雙子星被彈劾的前車之鑑，公務員的保守可以想見。萬萬沒想到的是，北市府又換了柯文哲上場，公務員認為柯市長不會支持園區BOT案，就更保留了。好在聽取基金會報告後，柯文哲非常支持，直接交代「有事就找蔡壁如」，並由副祕書長薛春明跨局處協調，讓園區後續推動比預想順利。

柯文哲為什麼沒讓七海園區成為他鎖定的「第六案」？即使在二〇一六年中央政府也政黨輪替，並強勢推動「轉型正義」，柯文哲也沒有為難蔣經國基金會。「我只是沒有阻礙它（七海園區）而已，這和我一點關係都沒有。」談到蔣經國總統圖書館和七海園區，柯文哲用他一貫的「柯氏語言」直率自陳自己的「功勞」——就是沒阻撓；「蔣經國是人，不是神」，柯文哲認為，只要不造神，七海園區要興建圖書館，並開放故居，都不必反對。

親自會勘七海寓所，撫平政治干擾

柯文哲對「轉型正義」是有想法的，二〇一四年七月十八日，競選中的柯文哲在臉書發文紀念去年過世的南非前總統、諾貝爾和平獎得主曼德拉，七月十八日是曼德拉的生日。他引用電影《打不倒的勇者》講述曼德拉的故事：「透過一場世界盃橄欖球比賽，曼德拉傳達一個理念給他的南非同胞：不管你是哪一種膚色、過去支持哪一種意識形態，從現在起，這支球隊就是這個國家（one team, one country）。他和橄欖球隊的白人隊長合作，讓南非的黑人喜歡這支球隊、讓南非的白人學會尊重黑人球迷。目標不必很遠大，就從黑人認同白人的球衣、白人學唱黑人的國歌開始。」他相信台灣也可以跨越藍綠鴻溝，追求一個全新的政治文化。

「法律不溯既往，既是法律原則，也是一種精神。」台灣要成為法治國，要從政府守法開始，「BOT都簽出去了，為什麼要摧毀掉？」在法律原則之外，柯文哲自陳，「我對歷史非常寬容，不管它是好的壞的，歷史就是歷史。對我而言，解決現在的問題，避免未來重蹈覆轍最重要。」

這幾年，「兩蔣威權」始終爭執不休，柯文哲引用他看過的由中國國家科學院編的編年史套書：商朝時，活人獻祭一次燒死幾千人；孔子說：「始作俑者其無後乎？」中國活人殉葬一直到清康熙下旨明令禁止後，才真正告一段落。人要有一個信仰，相信人類會愈來愈進步、道德會愈來愈文明，如果沒有這樣的信念，看到黑暗面難免心志動搖，但時代的黑暗面在歷史長河裡，往往只是一道暗流，這道流有時輕淺而過，有時深不見底，但終究能到盡頭。

親自率隊會勘七海寓所，柯文哲的印象就是「小小的房間，小小的床」，沒有更多的評價，強人的居所也是居所，當歷史看待即可，不必刻意做價值評判，但他很直率地告訴基金會：「你們蓋啊，但我（北市府）不會出錢。」他承認，剛開始，公務員的確心存觀望，的確稍稍拖了一下，一旦表明「我不會搗蛋」的明確態度，七海園區計畫可能存在的政治干擾，也就揭過去了。

第三章

踏出第一步，關關難過關關過

本章揭示了蔣經國基金會從創立到啟動圖書館計畫的艱辛歷程。基金會的成立源於學者許倬雲等人的構想，旨在推動海外漢學研究，但在籌劃圖書館的過程中，卻也面對著巨大的資金、政治與工程挑戰；而朱雲漢、毛高文、錢復等人的努力，讓圖書館的理想逐步具象化，但募款的困難與政治干預，卻讓計畫進程充滿波折。建設的每筆捐款來之不易，每次與政界、商界的交鋒，都讓圖書館的實現更顯不凡；在經歷無數次的困境與突破之後，終於跨越重重難關，逐步見證理想與現實的交融。本章不僅呈現了人物間的合作與奮鬥，也彰顯出文化與學術的堅守，在面對現實挑戰時的脆弱與堅韌。

如果時光倒流，蔣經國基金會還會選擇如此困難重重、含括總統圖書館的園區計畫嗎？「回想起來，我們能把主體建物蓋完，很體面，很拿得出去。真不容易。」基金會執行長朱雲漢回想這漫長的十數年，既有實現理想的不可置信，也有曾數度面臨山窮水盡疑無路的後怕，蔣經國總統圖書館面世的那一刻，他只有滿心感動，感謝艱難過程中，那許許多多義助基金會的貴人們。

大舒一口氣的還有董事長錢復，「他大概把一輩子的人脈都用在起造圖書館」，朱雲漢如此形容卯足全力的錢復。

簡要歸納基金會碰到的難題，第一個毫無疑問就是：錢從哪裡來？對畢生心力皆在學術研究的「書生」們而言，這簡直就是人生最難過的坎；第二個是如何克服他們對建築工程的外行？第三個則是如何撥開當頭罩下的政治濃霧？感慨的是，擺脫政治干擾是基金會自創立以來的核心宗旨，然而，政治力卻如影隨形，找到機會就想穿透進來，好在歷任董事長都堅持學術至上，守住了防線。

毛高文：「這事，我們一定要做！」

故事要從一九八八九年蔣經國基金會成立說起。

其實早在一九八六年四月的蔣經國晚年，許倬雲就帶著旅美學者的聯名信函，面呈蔣經國，原始構想是建議政府仿照日本成立基金會，在歐美知名大學鼓勵漢學研究；這個建議已經比日本政府於一九七二年成立「日本國際交流基金會」（Japan Foundation）、在歐美大學成立「日本研究講座」，晚了足足十四、五年，日本研究有超越漢學研究之勢，讓海外學者為之憂心。蔣經國回應許倬雲，請時任教育部長李煥辦理；隔年，李煥接任行政院長，教育部長由毛高文擔任。一九八八年一月十三日，蔣經國辭世，在大家構想如何紀念蔣經國的時候，籌備中的基金會與眾人之想法不謀而合，基金會遂加速推進。

基金會成立宗旨就是「獎助、提倡海外對中華文化的研究，並促進國內外學術交流」，當時，毛高文特別強調，基金會名稱不要冠上總統、先生等名銜，避免造成「基金會是在研究蔣經國這個人」的誤解，執行長要純學術中人，但董事長要「有高度，並在政府、民間享有崇高的聲望」，才能抵擋得住政治上的壓力。前兩任董事長李國鼎和俞國華，皆因此受命出任，但他們謹守基金會純學術的宗旨，從不干擾基金會運作。

三任董事長與基金會發展的關鍵抉擇

首任執行長因董事會力薦的中研院院士李亦園極力推辭，一度想改由時任教育部政次的林清江出任，但董事宋楚瑜認為，這太容易讓外界誤以為基金會是官方機構，這和「非官方的財團法人組織」角色大相逕庭，在幾經勸說後，李亦園終於點頭接下執行長一職，直到二〇〇〇年俞國華過世，李亦園代理並在二〇〇一年正式接任董事長。

李亦園任內開始，北市府找上基金會評估接管七海寓所事宜；二〇一〇年毛高文接任董事長迄二〇一八年，是與北市府連繫最密切且把園區計畫擴大的關鍵期；錢復於二〇一九年繼任董事長，則是全力為基金會完成園區計畫的最後一塊財務拼圖。

朱雲漢回憶三位董事長，個性不同，但起到一定作用。李亦園是純學者，做事謹慎，或許也因此在商量園區事宜之初，就邀請毛高文一起。毛高文是基金會的接生婆，當年也是他請李亦園到清華大學出任人文社會學院院長，對李亦園而言，毛高文像是極照顧他的長官，在商量著到底要不要接管七海的事時？李亦園雖不反對但頗有疑慮，毛高文神色一凜說：「這事，我們一定要做！」他的態度明確，這件事就此拍板。

李亦園因為健康因素請辭董事長，大家很自然聯想到毛高文會是適合擔任董事長的人選。毛高文是能做大決定的人，對七海園區的本能反應就是一定要做，有困難就想辦法克服，朱雲漢說：「和他商量，我比較有把握，只要有利於事情的推動，他都非常配合。」不過，毛高文過去在政界的經歷相對單純，教育部長、考試院副院長，之後派駐哥斯大黎加大使六年，政商界的人脈不能和錢復相比，就募款而言，能使上力之處極其有限。

基金會內部還是存在比較慎重的意見，為了說服，朱雲漢承諾必須另外募款，不能動用基金會原有的基金。朱雲漢坦言，他承諾時，心裡其實是沒有底的，「但必須承諾，才能取得他們的認可。」

募款難題與王雪紅的參與

這段期間，募款是讓朱雲漢最頭痛的事，首先根據原規劃，全案是依據《促參法》第四十二條採政府自辦規劃方式辦理，由民間機構負擔興建與營運成本，引進民間資金和經驗參與公共建設，北市府初步規劃內容包括：古蹟活化區（七海寓所）、七海潭生態遊憩區、總統圖書館，以及其他附屬服務空間（包括遊客服務中心）。但國內並無「總統圖書館」的相關案例可供評估，需要仰賴民間資源和創意的協助，所以改依據《促參法》第四十六條，由民間自行申請公共建設方式辦理，並依據《促參法》第四十六條之一，由北市府提供土地、提出政策需求，公告民間可以參與興辦的項目和作業程序，再由民間自行規劃提出申請案。

簡單來說，因為這是依據《促參法》第四十六條的ＢＯＴ案，基金會不能成為原始的興建方，因為官方占股二〇％以上，基金會只能營運不能占股，如何找到純民間單位提出申請？就是一大難題，何況，當時馬英九尚未就任總統，而當年經過李登輝、陳水扁兩朝「山也ＢＯＴ，海也ＢＯＴ」（電影《海角七號》的經典台詞），民間和政府其實都對ＢＯＴ心存疑慮，頗為保留。

實在是想破頭，朱雲漢和毛高文商量能不能去找張嘉臨幫忙，張嘉臨時任高盛全球合夥人，是有名的「外資金童」，張嘉臨則建議，「找王雪紅試試？找時間去簡報一下」，朱雲漢覺得挺不錯，張嘉臨給了一個極好的建議，可以在園區蓋一個小型國際交流會館，約莫十五間客房。當時是王雪紅財務狀況最好的時候，ＨＴＣ市占極高，她聽了簡報，非常願意加入，認為是在幫國家的忙。

郝龍斌也說，王雪紅基於信仰樂於公益，在宗教上更為大方，中華信望愛基金會的公益捐款都是以億為單位，而王家對蔣經國一直非常感念。

牽上中華信望愛基金會，是非常關鍵的轉折點。引進王雪紅，園區計畫才能繼續往前走，如今，王雪紅也是蔣經國基金會的董事之一。遺憾的是，她後來遭到特定媒體攻擊，只好斷臂求生，放棄國際交流會館的想法，目前，中華信望愛基金會營運的部分只有遊客中心。而為基金會牽線的張嘉臨，於二〇一二年加入宏達電，接著於二〇一八年離開，自創ＡＩ公司。

飛機上，敲定第一筆兩千五百萬捐款

決定自籌全部經費後，第一步就是先確定募款分工。朱雲漢回憶，當時董事會裡最有募款能力的，就是毛高文、錢復、連戰三位董事，「三公」遂成立興建籌備小組，加足馬力到處尋覓資金。

第一筆捐款兩千五百萬，來自投資銀行家胡定吾，當時，朱雲漢與他同班機前往北京，在機上，朱雲漢談起初定的蔣經國總統圖書館募款計畫，胡定吾幾乎是毫不考慮就應允兩千五百萬。胡定吾的父親胡炘，是蔣中正的侍衛長，一九七四年後，奉蔣經國之命轉戰外交，先後派駐巴拉圭大使、駐新加坡商務代表；胡定吾的母親章蘊文，性好書畫，八十八歲高齡時辦個展，和蔣方良頗有交誼。這筆捐款非常重要，不只起了一個頭，也形同為募款的「單位數」立下「基本款」，後續捐款者，不乏比胡定吾財力更雄厚者，捐款數額自是不能比兩千五百萬少。

朱雲漢坦言，兩千五百萬是他為企業主訂的募款單位基準，只要有十位、二十位董事長同意出資，圖書館就會有兩億五千萬或五億打底，工作推動也會順利許多。而且募款必須從董事開始，基金會董事自己不捐，對外募款就不具說服力，朱雲漢最早鎖定的是遠東集團董事長徐旭東，以及台積電創辦人張忠謀。他拜訪徐旭東，擔心自己「太藍」的徐旭東，應允捐款一個單位；他到新竹拜訪張忠謀，張忠謀特別禮遇，雖然當天沒有立刻答應，但朱雲漢離開時，卻特別親自送他上車，台積電的同仁都嚇一跳，很少有賓客會讓大老闆親自送上車的，這些細節可謂點滴在心，張忠謀後來也答應捐一個單位。

「理想很豐滿，現實很骨感」，這一句有點過氣的網路熱詞，用在募款上尤其貼切，台灣不缺大老闆，但大老闆對「公益」的想法各異，投注在公益上的資源也輕重不一。朱雲漢笑稱，用一般的政治光譜設定，除非真的綠到鐵打不動的企業家，他幾乎都拜訪過了。

募款突破與企業家捐款的成功推手

有一回，和陳文茜談到募款的困難，她曾任民進黨文宣部主任兼發言人，那段時間是民進黨財務最吃緊的時候，但陳文茜的募款能力眾所皆知。她拿起電話就打給鴻海董事長郭台銘，郭台銘說「一定要捐」，陳文茜捂著電話問朱雲漢：「你們要他（郭）捐多少？」朱回她：「一個單位兩千五百萬，是否能捐兩個單位？」陳文茜就跟郭台銘說「五千萬」，過幾天，他們有個聚會，捐出第一個兩千五百萬的胡定吾也在，胡定吾再敲一次邊鼓，郭台銘的五千萬就此敲定。

除了陳文茜，余紀忠文教基金會的董事長余範英，也非常積極幫忙商量還有哪些人是潛在捐款者。有次提到了華碩、和碩創辦人童子賢，余範英隔天特別跑到關渡，和童子賢談了一兩個小時，敲定兩千五百萬捐款。童子賢是少數特別支持藝文產業的企業家，他長年注資《他們在島嶼寫作》紀錄片，留下台灣文學作家的身影，還支持胡佛研究所協助保存兩蔣日記，他在接受《VERSE》雜誌總編輯張鐵志訪問時說：「我覺得曾經發生、曾經存在的，都是成就今天台灣的一部分。我主張不要讓它被淹沒掉，不論你喜不喜歡、認不認同，有些可以在當代決定，有些可能還要留待後人定奪。」不論是台灣的人文記憶或中國近現代的歷史記憶，他認為都不該隨時間淹沒，捐款給蔣經國總統圖書館，於童子賢而言，毋寧是順理成章之事。

為了籌款，甚至把念頭動到錢復的八十大壽，他們把可能捐款、已經捐款的企業主都邀請到場，宴席排位不夠前面的企業家，多少有點「感覺」，像某位「首富」就在壽宴後答應捐款一千五百萬。錢復談起這個，笑說幸好他「早有經驗」，原來在蔣經國基金會之外，錢復還主持太平洋文化基金會，這個基金會成立於一九七四年，目的在於協助退出聯合國的台灣參與國際教科文活動，前董事長李煥辭世後，錢復接任基金會董事長，才發現基金會運作已動用到本金，為了讓它財務健全，錢復必須想辦法募款回填本金，兒子錢國維（摩根大通亞太區副主席兼台灣區總裁）幫忙出主意，由錢國維出面替父母舉辦金婚宴，言明不收禮，但凡有賀禮者一律捐給太平洋基金會，一舉解決基金會的危機。蔣經國總統圖書館的籌資，錢復只得「故技重施」。

錢復：波折重重，最大的兩筆捐款都要求「匿名」

回憶這段募款過程，有開心也有不開心，總結歸納：波折重重，長輩的支持，晚輩不一定買單，慶幸能有好的結果。錢復談起一段讓他最開心也最遺憾的事，二〇一二年十月一日，約莫早上十點多，他和田弘茂相約去看長榮集團創辦人張榮發，張榮發談興甚濃，對圖書館計畫大為肯定，當下就說：「先給你五百萬，募款也是要花錢的。你盡量去募，最後不夠多少，不足的差額，我一人支應。」錢復樂壞了，回去之後立刻告訴毛高文和朱雲漢；遺憾的是，老人家於二〇一六年過世，徒留「最後不夠多少，我一人支應」餘音，錢復卻也不知如何向張榮發的後人開口，田弘茂也說，老人家過世後，張家財產爭議太大，的確不好再提。

張榮發在一九六八年創辦長榮海運，他曾在二〇〇三年一場演講中提及，「海運是國家經濟的指標，在蔣經國時代對海運還有五年免稅及鼓勵造船措施，但李登輝執政後就沒有海運政策，現在也沒有，不但交通部長不懂，連總統也不懂，只關心選舉誰會選上。」對白手起家的企業主而言，選舉是一時的，產業發展才是國家的根基，老人家的警示沒能起太大作用，台灣受到選舉干擾愈來愈大。張榮發和蔣經國基金會淵源久矣，當年基金會創設時，長榮也是捐款企業之一（三千萬），這層關係因為老人家離世，或許無可避免地漸漸淡去。

馬玉山與建設計畫的未竟之緣

另一位讓錢復唏噓不已的舊友，是冠德建設的董事長馬玉山，他們有共同敬佩的長輩——張國疆。一九三九年，張國疆在賀耀祖（曾為蔣中正心腹，歷任土耳其公使、國家總動員委員會祕書長等要職，後因傾向容共與蔣中正對立，一九四九年赴港加入民革並發表起義宣言，後赴北京）和陳布雷（蔣中正文膽，於一九四八年仰藥自盡）推薦下，出任侍從室祕書，後升為組長，負責大陸情報業務，國民政府遷台後，任台灣省訓練團教育長，一九九二年病逝美國。

當年，張國疆是錢復在預訓班（預備軍官訓練團）的班主任，對錢復好得不得了，用錢復的話說：「訓練三個月期間，待我如子。」馬玉山則是張國疆的侍從參謀，張國疆出任省警務處長，馬玉山也跟隨到省警務處，但張國疆在省警務處過得並不如意，個性率直的馬玉山感覺回不去軍隊、公務機關也待得辛苦，遂決定離開，先考上淡江大學，畢業後本想出國，卻因緣際會進入嘉新水泥，從此跨足建築領域，後來創辦冠德建設。

基金會要建圖書館，錢復第一時間就把老朋友介紹給朱雲漢，朱雲漢特別在君悅酒店請馬玉山吃飯，馬玉山很高興，「為經國先生做事，我一定盡我所能，給最合理的價格，絕對不賺你們的錢。」談得極為融洽，沒想到半年後，朱雲漢告訴他，報價比預期高很多，錢復心想「怎麼可能？」經過了解，原來那段時間冠德建設意外捲入遠雄建設的眷村改建案，調查局查了他半年多，為了讓他擺脫不必要的爭議，就用報價高來為他解套，沒想到兩個月後，馬玉山就因病離世，先前的邀約只能作罷。建築工程計畫因此一度受挫，這是後話了。

匿名企業家解燃眉之急，工程突破難關

二〇二〇年初，圖書館主建物工程蓋得差不多了，但經費缺口還高達四億，錢復想來想去，又想到一位他曾證婚的華人企業家，錢復和他父親是好友，但這位企業家人不在台灣，託子侄輩找他，轉念想到他母親在台灣，就請夫人田玲玲和這位企業家的母親通電話，請她來看工程中的圖書館建物，並詢問有沒有可能和她兒子聯絡捐款的事。老媽媽看了之後非常感動，立刻就給了一個手機號碼，隔天早上錢復和他視訊通話，企業家問「經費還缺多少？」錢復告訴他「四億」，企業家又問「你想我捐多少？」錢復只能直率表達「一半，兩億」。既期待又意外，再隔天，這筆款項就匯入了，這是相當大的一筆捐款。

還有一位企業家朋友，已經捐了款，但房子蓋好只有「空殼」，沒有內裝，全部估價要兩億多，這位企業家知道後，立刻拍胸脯負責搞定全部裝潢，錢復特別請朱雲漢在國賓十二樓宴請這位企業家。當天宴席，這位企業家把裝潢公司的總經理都請到場，足見其誠意，一餐飯吃得賓主盡歡，不問金額，包下圖書館全部裝潢工程，錢復開心到自掏腰包付了宴席費，不要基金會報帳。錢復說，相對於大老闆毫不吝惜地捐資義助，付一席餐費是他能做的微薄努力，然而「微薄」的背後，卻是不懈的努力。

這兩位企業家的父祖輩，都是發跡於上海，遷台後創業有成，對於蔣經國建設台灣心存感念，而他們的成就也是築基於此。即使事業有成，卻不願意透露名銜，如此低調，一方面是行事作風不顯揚，一方面也是為了避免沾惹政治是非。

募款工作就這麼「滴滴答答」地往前走，「滴滴答答」這個形容詞，是朱雲漢說的，這裡有好幾層意思。首先，募款不可能一步到位，從第一筆捐款到最後完工，是一個漫長的過程，時間的推移，對很多人而言意味著快，也可能意味著慢，對基金會則意味著困難；其次，捐款多捐款少，時而有收穫時而全落空，像雨滴般，有時如大旱之望雲霓，最終，總算等來了及時雨。

「整體而言，還ＯＫ」，朱雲漢說，好多關卡幾乎以為過不去了，一直在「要不要繼續、能不能堅持」之間擺盪，連王雪紅都一度差點放棄，因為北市府都市計畫審議一直出現新問題，計畫中的「住宿單位」也被取消。「我想簡單了」，朱雲漢苦笑說，募款撐到四億時，再次政黨輪替，難度又增加了，整個計畫最後追加到超過十億，回憶起來只能說：「一言難盡，關關難過關關過。」

四大院士聯名致函蔡英文，以維護學術獨立

有句俗話：「能用錢解決的事，都是小事。」對基金會而言，需要用錢解決的事都是大事，不過，在大事之外還有更大的事——政治。

在募款關卡好不容易就要過去的時候，台灣迎來了第三次政黨輪替，包括蔣家後代對園區計畫還能不能照常推動，都半信半疑，甚至期待不高，意思是萬一有變，他們都能理解，他們理解的不是基金會有困難，而是政治氣氛讓基金會存續都產生變數，更遑論「蔣經國總統圖書館」。

政治氛圍變動下的「暗流」挑戰

二〇一六年五月二十日，總統蔡英文宣誓就職；七月二十五日，立法院以表決三讀通過《政黨及其附隨組織不當取得財產處理條例》；八月三十一日，行政院成立「不當黨產處理委員會」，在這種氣氛之下，蔣經國基金會雖然並非國民黨附隨組織，但卻很自然地成為大家關心的對象。

事實上，這不是基金會第一次碰上「暗流」。二〇〇〇年，第一次政黨輪替，陳水扁政府就對政府曾捐助的基金會營運抱持懷疑態度，對基金會以「漢學研究」的方向也

不以為然，強力施壓要求加入經營管理。為了讓新政府了解基金會運作，第六屆基金會董事會改組，就曾大幅度更換了三分之一席次的董事，分別邀請時任總統府祕書長的游錫堃、教育部長曾志朗（中研院院士）及司法院長翁岳生，加入董事會，同時為提高基金會財務運作的透明度，修改章程增設監察人制度，由時任經建會主委的胡勝正（中研院院士）、中央銀行總裁彭淮南和前台灣大學校長孫震出任。

「與其將新政府排除在外，產生不必要的誤解，不如直接邀請他們參與」，這是朱雲漢的想法，事實證明，這樣的做法確實有效，代表政府參與基金會運作的董事，在了解基金會堅持學術獨立的超然立場後，對基金會的運作也並未干預太多。時隔十六年，相同的政治壓力重新上演，只是程度遠較十六年前更甚。

七點回應政府監督與財產處理質疑

二〇一七年三月間，行政院發言人直接表明「政府要拿回蔣經國基金會的主導權」。四月間，行政院發言人又表示，《財團法人法》完成立法後，各部會就過去捐贈的財團法人，檢視其捐助章程，是否符合國家捐贈的目的性、捐贈設立時的宗旨，若因時代變遷無法達成，目的事業主管機關就應該予以解散，或者變更其捐助章程，轉為其他公益目的，「上述章程之變更過程，都應該在國家的監督之下完成。」

為此，基金會特別發出兩千字聲明，雖說是「回覆《聯合晚報》有關《財團法人法》草案通過，提及本會之報導」，其實不折不扣是回應政府的質疑。其重點包括：

（一）成立之初，即考慮到基金會國際學術獎助業務特性，以及台灣特殊的國際處境，訂定捐助與組織章程時即確立法人自治原則，將基金會定位為獨立運作之民間財團法人，由具有國際學術聲望的學者或院士負責主持會務，政府捐助機關教育部負責監督；

（二）基金會多年來已經在國際間累積一定的學術公信力，是台灣面向國際社會的無形資產；

（三）基金會迄二〇一五年法院登記的資本規模為三十六億二千萬，二十多年來補助世界各國學術機構與學者研究的金額累計達三十六億七千五百二十多萬；基金會歷年重要的民間捐助人士包括：辜振甫、徐有庠、辜濂松、吳東進、吳舜文、蔡宏圖、蔡萬才、張榮發、許勝發、吳尊賢、焦廷標、何壽山、施振榮、張忠謀、郭台銘、王文淵、嚴凱泰、尹衍樑、吳東亮、童子賢、徐旭東等；

（四）民間捐助基金對基金會運作幫助極大，主因是根據「教育部審查教育事務財團法人設立許可及監督要點」規定，政府捐助基金的管理，僅限於銀行定存、購買公債或短期票券，而民間捐助基金在董事會授權下，可以購買股票、公司債、可轉讓債、股票基金、不動產信託投資基金（REITs）等風險性資產，長期投報率較高，也可以此挹注政府捐贈基金投資收入的不足；

（五）基金會董監事皆為無給職，且均由海內外具有崇高學術地位的院士與資深學者、企業界、教育部長（或次長）、民間捐助人代表共同組成，學術獎勵業務則完全尊重由海內外資深傑出學者組成之地區學術諮詢委員會的審議決定；

（六）教育部作為主管機關，除定期指派代表出席董事及監察人會議外，也會不定期派會計師進行財務查核；

（七）基金會贊助過四千八百九十七個計畫案，執行單位與人員共九百七十三個學術機構與三千七百零六位學者，發表論文上千篇，書籍出版近千本，協助美國與歐洲一流大學增設漢學與台灣研究領域六十多個教職；而該會補助有關台灣研究達十五億一千八百多萬，占全部補助金額的四二．三四％，在增進國際社會對台灣經驗的了解，有極大貢獻。從數據未必看得出基金會對鼓勵研究發揮多大作用，但從合作對象和項目，就看得出基金會的學術實力，如與哥倫比亞大學出版社合作推動台灣當代小說的英譯計畫、與哈佛大學費正清中心合作設立台灣研究博士後訪問學人、輔導成立歐洲台灣研究學會、資助倫敦大學亞非學院成立台灣研究碩士學程、在德國杜賓根大學成立「歐洲當代台灣研究中心」等，分量既重，影響亦深遠。

《財團法人法》套下政府可強制捐款改民間為官方的緊箍咒

對基金會而言，《財團法人法》的立法是一次前所未有的危機，對基金會造成的衝擊遠甚於陳水扁政府時代，只靠一份聲明萬萬化解不了，這個時刻，基金會長年對學術獨立的持守，成為最大的倚仗，四位「院士董事」由余英時領銜，許倬雲、金耀基、劉遵義聯名致函總統蔡英文。信函中，直接表明他們素來關心台灣學術獨立與國際聲譽，「擔心過去大家為基金會灌注的心力可能付諸東流、基金會的學術獨立地位可能難以為繼、民間捐助人的初衷可能遭到漠視、基金會在國際學術界辛苦建立的公信力可能遭到折損。……」

院士的憂心並非危言聳聽。一九八九年，基金會成立時的發想是以「日本國際交流基金會」為對照坐標，避免日本研究取代漢學研究；二〇〇四年，基金會十五週年時，已經獲取相當成果，從獎助研究，朝向國際刊物出版、與歐美知名大學合作成立漢學講座或研究中心；就在這一年，北京大力推動「孔子學院」，很難揣度是否受到基金會促動國際漢學研究有成的「刺激」。儘管「孔子學院」著重的不是「學術研究」，而是「漢語教學」，但因為成立伊始就由大陸教育部成立的「國家對外漢語教學領導小組」直接督導籌辦，被視為中國大外宣的一環，引發爭議不斷，即使十六年後的二〇二〇年決定將「國家對外漢語教學領導小組」更名為「中外語言交流合作中心」，「孔子學院」這個品牌則改由「民間」公益組織接手，都沒能化解爭議，部分國家甚至要求全面停止「孔子學院」的活動。兩相對比，更足證基金會從成立之初就阻絕政治（政府）介入運作的決定完全正確，也因此才能得到國際學界的敬重。

宋楚瑜建議政府，避免干預基金會學術運作

四大院士憂慮《財團法人法》草案會造成基金會與主管機關之間產生合憲性與適法性的爭議，致使國際學術界「生疑側目」，進而影響台灣的國際形象。四位院士認為，蔣經國基金會在國際漢學界的地位與聲譽得來不易，是國家的珍貴資產，值得政府與各界共同呵護。他們建議蔡英文總統徵詢創會董事們的意見，了解基金會原始設計與成立背景，例如親民黨主席宋楚瑜。他們會做此建議，一方面因為宋楚瑜是創會董事，最

理解基金會避免官方色彩、阻絕政府介入的初心；因為如果官方插手國際學術交流，反而會有負作用，外界會有政府收買學術界的不良印象。二方面也是總統蔡英文初就任，對宋楚瑜尚稱倚重，兩度指派他作為ＡＰＥＣ企業領袖高峰會的領袖代表，或許講得上話。

在副執行長陳純一教授陪同下，朱雲漢找宋楚瑜幫忙，宋楚瑜義不容辭，他找上了當時政府和民進黨高層，說服他們兩點：第一，基金會創辦迄今，已有相當的國際聲望和成就，要珍惜，政府介入若造成傷害，非常可惜；第二，政府若想多派些董事進入基金會，希望是在學術上有聲望的學者，最好還能和基金會商量一下，避免運作上產生摩擦。這兩點建議，政府基本上都能接受。

宋楚瑜對基金會也有直率的建議，他認為，維持超然獨立的學術形象，對其長遠發展是有利的，第一守則是純學術不搞政治，但「不搞政治」講的是不捲入政治活動，而不是對台灣民主發展的歷史太冷淡，甲骨學、敦煌學、漢學很重要也都很好，但若能把台灣研究也拉進研究項目、寫寫論文，應該對台灣的民主轉型與深化更有作用；這個建議，基金會當然認同，也是努力目標。宋楚瑜的努力，錢復稱讚不已。

基金會爭議與《財團法人法》關鍵條文之辯

朱雲漢認為，四大院士聯名致函總統蔡英文，應該多少改變了她對基金會的想法；宋楚瑜居中斡旋讓基金會和蔡英文政府維持良好溝通，卻沒能扭轉《財團法人法》的爭議條文。民進黨堅持這個法案一定要通過，唯一有較大爭議的，是宗教相關基金會是否受該法規範？爭議兩年，主要都在宗教，內政部長葉俊榮同意把宗教先抽離該法控制，基金會本來想「搭便車」一起切出去，但是總召柯建銘直截了當表示「不行，真的做不到！」他知道基金會已建立國際聲譽，應該維持其學術地位，而不該被汙名化；他也告訴朱雲漢，基金會在國際學術界補助漢學研究、台灣研究合情合理，不會有藍綠的問題。但是政府捐助有一定比例，增加政府董事席次也是合理，但是政府董監事一定要具備應有的資格，政府不會任意推派人選，所以基金會可以推薦官派董事人選，他去協調。他還請朱雲漢毋須擔心，因為就他所知，《財團法人法》生效後，政府無意動用增資規定，將基金會回復為政府出資超過五〇%的政府財團法人。「柯建銘非常尊重我們的規劃。」朱雲漢說。

二〇一八年六月二十七日，立法院三讀通過《財團法人法》，還是維持了關鍵第六十八條：「第六十五條第一項之財團法人，於本法施行前因接受民間捐贈轉為民間捐助之財團法人者，在本法施行後三年內，主管機關經審認該財團法人之政策目的仍存在，而有未能達成社會公益或辦理公權力委託目的，或規避政府監督之情事，得捐贈財產補足依現有基金總額計算之差額，回復為政府捐助之財團法人。」

《財團法人法》就像套在基金會頭上的緊箍咒，不知何時會收得更緊，不過，朱雲漢有種鬆口氣的感慨：「從資金缺口到法律框架，這個難關我們居然能度過，但以後，真的也不敢講。」

圖書館建成，而蔡英文親自參加開幕式，某種程度確實減輕了基金會的壓力，不敢說已經撥雲見日，但朱雲漢心頭的烏雲的確散了不少。他，真的完成了多年的夢想——一座總統圖書館誕生了。

第四章

兩位建築師，完成一個注定的因緣

當兩位建築師跨越重重障礙，為台灣歷史留下足跡，蔣經國總統圖書館的誕生便成為一段傳奇。這是一個關於「因緣」與「使命」的故事，兩位分別來自不同城市的建築師——符傳禎與費宗澄，透過共同的理念與無數磨合，最終成就了這座象徵台灣歷史與文化交織的地標性建築。從一開始的設計構想，到後來克服種種施工挑戰，一切彷彿是命中注定。符傳禎的設計突破傳統框架，巧妙地融合東西方文化，讓建築不僅成為紀念蔣經國的場所，也成為與民眾生活息息相關的空間。而費宗澄的營建管理，則如同一位背後的守護者，穩住了整個工程的步伐，為這座建築的落成鋪路。

人會死，國家會興亡，只有意念永遠長存。

A man may die, nations may rise and fall, but an idea lives on.

——美國總統甘迺迪

你只需看著建築，就能感受曾經的過往、觸碰到一個地方的靈魂。

You only have to cast your eyes on buildings to feel the presence of the past, the spirit of a place.

——建築師貝聿銘

從北市府核定七海寓所為古蹟，到蔣經國總統圖書館在七海園區落成，走過漫長的十六年，募資是一個難關，然而，圖書館的設計與起造才是真正的關卡，「符傳禎」與「費宗澄」兩位分別在倫敦與台北的建築師，無疑是最關鍵的靈魂人物，在此之前，已經有了其他的設計稿，但蔣友梅看了搖搖頭，建議可以找她的朋友試試，至少聽聽意見，朱雲漢想想也對，「沒想到四個月後，符大建築師就拿出一個讓人驚豔且前衛的設計，毛高文和我都被迷倒。」

朱雲漢笑談這幢「地標性建築」設計稿出現在他眼前時，藏不住內心的興奮，但他沒想到，這又是一段波折重重的開始，因為符傳禎所屬的英國「建築文化事務所」（Office for Architectural Culture）不是登記在國內的公司，依照法規，必須在國內找一位建築師與之配合，建築師張清華和一元聯合建築師事務所兩位年輕的建築師——何黛雯與林雅萍，曾先後擔任此一工作，但數年的磨合過程卻讓他痛苦不堪，最後還是由因故無法承攬營造工程的馬玉山介紹「費宗澄」擔任營建管理顧問，才幾乎解決了所有難題，「和費驊的公子相見恨晚啊，若能早點找到他，可以少走好多冤枉路。」

而兩位建築師能為蔣經國總統圖書館攜手合作，背後都有屬於個人的因緣際遇，緣分埋下得很早很早，注定在此時、此刻、此地寫下完美的句點。

符傳禎——在懷遠堂行禮致祭的高中生，揚名海外

對多數台灣人而言，「符傳禎」是個陌生的名字，畢竟他去國久矣，第一次被介紹給國人，是《天下》雜誌在二〇一二年的訪問，報導標題是「台灣建築師催生歐洲第一高樓」，他為俄羅斯天然氣公司（Gazprom）設計的總部暨商業中心拉赫塔中心（Okhta Center）於二〇〇九年拿下國際競圖首獎。這幢五邊形高塔式建築，是彼得保羅主教座堂（位於聖彼得堡，「世界最高教堂」之一）的三倍高，但也因此遭到聯合國教科文組織的嚴重警告，強調這座建物將危及聖彼得堡在文化遺產名單上的地位，連查爾斯王子（現為英國國王）都親筆致函符傳禎表達關切，那一年，他四十歲不到；而九年後，拉赫塔中心（俄羅斯和歐洲第一高樓）落成。

符傳禎在訪問中說，他們能拿下競圖首獎，或許因為設計中包含較多的俄羅斯歷史與文化元素，「建於十八世紀的聖彼得五角形城堡，雖是軍事用途，但軍事上的攻守，也象徵了交流。」他就是以此為靈感，設計出由五個方塊組成、往上互相旋轉扭曲而逐漸縮小的透明建築，「公共空間在中央，於視覺上、心理上，都有透明、交流的效果。」

從母親到俄羅斯，文化根基與人生軌跡

他為什麼能對「俄羅斯歷史與文化」如數家珍？他對《天下》的記者說：「還記得念國、高中的時候，會聽蘇聯對外的英文短波廣播，那時的車諾比核爆事件，我就是在事發後半小時，從廣播中聽到的。」這可不是台灣高中生的尋常經歷，畢竟收聽ICRT才是比較普遍的共同經驗。他之所以對俄羅斯好奇，歸因於母親總愛跳柴可夫斯基的《天鵝湖》，符傳禎的父母都是業餘藝術愛好者，母親年輕時跳芭蕾，父親則是合唱團男中音，三個姊妹都學音樂，他自己雖只上過幾堂鋼琴課，但酷愛古典音樂，尤其是歌劇，所以他也常為劇院設計舞台。

符傳禎說，母親當老師、跳芭蕾舞，離不開俄羅斯，「她很喜歡做菜，小時候吃很多特殊的點心，後來才知道那是俄羅斯菜、俄羅斯點心，那時候就知道蔣經國在俄羅斯待過很長時間，覺得有興趣。」這又是和一般高中生不同的體會，比他長一點的高中生，對蔣經國的認識不是十大建設，就是《梅臺思親》、《風雨中的寧靜》，因為蔣經國紀念父親蔣中正的著作或時事感懷，是多數高中規定的課外讀物，必須寫心得報告，就像更長的高中生要寫蔣中正著作《中國之命運》的心得報告。

符傳禎大學當完兵才出國，離台近三十年，但成長都在台灣，在接下蔣經國總統圖

書館的案子前，他從未到過七海，更未進過寓所，但對七海園區很有熟悉感，因為他五、六歲就從木柵搬到大直，海軍總部、忠烈祠、碧海山莊、七海潭……，都是他的生活日常，有大半同學都來自附近的兩個眷村。

對蔣經國的歷史「情結」與設計使命

他不諱言，「小時的社會環境，對當時的時代比較有感情，家中很多蔣經國相關的書，我自己除了美術，對歷史方面也很喜歡，耳濡目染吧。」他大概是在解嚴後、第一次總統直選前出國，那段時間正是台灣政治社會劇烈變化的關鍵期，如果他留在台灣，對蔣經國、對現實政治氛圍會不會有不同的體會，甚至敏感？就如同朱雲漢碰到的捐款人，願意支持卻不肯留名。

或許因為長年在海外，讓他對蔣經國的評價毫無懸念；但更重要的原因——他有別於一般高中生的特殊經歷。一九八八年一月十三日，下午三時五十五分，蔣經國在七海寓所逝世；一月十四日，設靈堂於台北榮民總醫院「懷遠堂」；一月二十二日移靈圓山忠烈祠；一月三十日舉行大殮，奉厝於頭寮賓館。在這段期間，黨政要員乃至國際政要都前往致祭或出席葬禮，而第一時間設置靈堂的榮總懷遠堂在開放民眾致祭前，建國中學選了四名學生前往致祭，符傳禎就是其中一名，「或許這段特殊的因緣和感情，讓我毫不猶豫地接下工作，覺得這是上天的安排。」

在此之前，基金會接洽的是潘冀建築師事務所，潘冀是國內知名建築師，也是台灣第一位獲得美國建築師協會（ＡＩＡ）院士頭銜的建築師，曾應費宗澄之邀返台加入宗邁建築師事務所，和費宗澄一起參與中正紀念堂競圖，其建築風格頗受儒家影響，常用「建築以載道」注釋自己的理念；不過，蔣友梅似乎還想多看看其他建築師的想法，而找上符傳禎的正是蔣友梅。符傳禎多年前在台北的一個場合與蔣友梅見過面，但真正認識是回到倫敦之後（兩人都旅居倫敦），蔣友梅問他有沒有興趣回台北看看這個計畫，符傳禎幾乎沒有考慮就答應了。

揉合東西文化：生於大陸，停留蘇聯，來到台灣

二〇一三年的十一月底，符傳禎回到台北，先和蔣經國總統圖書館籌備處的主任林光美約在七海見面，聊的多半是蔣經國的生平，這是他第一次踏進七海；接著再安排和執行長朱雲漢見面，兩人相談甚歡，朱雲漢也看了他過去的作品；二〇一四年一月，建築文化事務所的共同創辦人懷特曼（Roger Whiteman）也來台參與會議。返回倫敦後不

久，朱雲漢隔海電詢符傳禎「有沒有可能先無償做一個概念性的東西？」這就有點像是「競圖」了，符傳禎說，他萬分榮幸有參與的機會，當下應允，大約三個月左右，符傳禎就把設計圖交給基金會，這就是迷倒朱雲漢和毛高文的原始設計。

朱雲漢詢問符傳禎「能否再回台北一趟？」二〇一四年五月上旬，符傳禎返台參與規劃建築設計會議。朱雲漢告訴他，董事們看了他的設計都很感動，覺得他對蔣經國一生的詮釋非常「有感」，期間也和主要資助人之一王雪紅見面，談到他的設計理念，董事會對他都感到滿意，於是就決定由符傳禎繼續下去。基金會著手處理終止前約，並找國內一家設計公司配合，中間有些挫折，也換了好幾家，例如張清華、何黛雯、林雅萍、姚仁祿等，直到找到費宗澄從旁協助，整個設計來來回回將近兩三年，也有若干微調。朱雲漢還曾在二〇一五年六月中下旬，專程前往倫敦討論相關規劃，最終呈現原始設計，符傳禎由衷地說：「這點我很感謝。」

「蔣經國可能比任何一個黨的政治人物都還要了解台灣」，符傳禎在圖書館正式開幕前接受《聯合報》訪問時表示，為了彰顯蔣經國「我來台灣四十年，我也是台灣人」的精神，園區素材都來自台灣，包括建築牆面、室外步道、矮牆設計，都是台灣傳統建築和原住民文化風格，有別於中國傳統的廟堂設計。整棟建築採東西向的中軸線，「因為蔣經國是東方文化與西方文化之間的混合，生於大陸，停留蘇聯，來到台灣」，「從東方遠眺西方」是符傳禎認知中的蔣經國。

融合蔣經國的思想與精神，設計理念讓眾人驚豔

圖書館設計並不以單一建築體構成，而是以數個建築體和其間的園林空間相互連接依托圍合，周圍保留大面積植栽綠地、公共藝術區和親水步道。其中，最接近七海潭的主建築，符傳禎說，設計概念來自蔣經國所著《風雨中的寧靜》中述及，就算國事如麻，只要靠近湖畔，就可以求得心靈的平靜，擘劃未來的藍圖，他希望圖書館能展現蔣經國無我的胸懷，「讓佇立在此的人也能產生共鳴」。《風雨中的寧靜》是蔣經國「立言」之作，有人讚其文采斐然，有人譏為代筆之作，但不論如何，七海潭確實是蔣經國晚年信步常行之地。

符傳禎的蔣經國，「沒把自己當重心，沒有所謂害怕的東西，就是勇於前進，嘗試別人所不敢做的」，因此，他在近潭主建築的後面設計的是一個中庭，「不以自己為中心，所以中心是空的」，這是體現大我沒有小我、虛心為人設想的意思。中庭四周有一處開口，設計成「非封閉」的靈活空間，「沒有界線的設計，讓人有柳暗花明又一村的

感覺」，因為符傳禎認為，蔣經國的思想「有原則，無窠臼」，某種程度確實足可反映其晚年堅持「三不原則」（不接觸、不談判、不妥協），卻能以人道精神開放老兵「返鄉探親」；同樣地，以「人道關懷，人機分離，第三地談判」，接回王錫爵劫走的華航貨機和兩名組員（一九八六年），一些人因而開啟了另一條「民間接觸」的模式。符傳禎對蔣經國精神的詮釋，可以理解，為什麼基金會董事們一看到他的設計稿與概念，就有驚豔之感。

費宗澄的兩代因緣：競圖中正紀念堂、營建管理蔣經國總統圖書館

二〇一四年，敲定符傳禎為「主持建築師」後，也在當年將完整的建築規劃設計提交給北市府審議；經過兩年的波折，直到二〇一六年才邀請費宗澄擔任全案專業營建管理，整合符傳禎與顧問群及根基營造團隊（冠德建設子公司），以期達到縮短施工流程和控管工程成本效益。然而，在費宗澄應允馬玉山協助營建管理不久後，馬玉山就因故退出了營建工程，倒是費宗澄並未因此而退出，相反地，他從一開始參與，就成了完成圖書館工程的一大助力，所謂「事有因緣」正足以說明一切。

費宗澄是前財政部長費驊的長公子，費驊曾任國際經濟合作發展委員會（經合會）

祕書長、聯合國亞洲暨遠東經濟委員會第二十六屆大會首席代表（一九七〇年）、行政院祕書長，頗受蔣經國倚重。費宗澄在一九七四年返台服務，與同學陳邁成立「宗邁建築師事務所」，距離他一九六四年赴美留學已經十年。因為父親的關係，奠基台灣經濟發展的嚴家淦、李國鼎、尹仲容、趙耀東等財經重臣，他們從小就十分熟悉，費宗澄形容父執輩的「特色」——國家興亡意識特別強烈，只要能對國家好，做什麼都願意，也拚盡全力。他還記得一九六四年，當時他在北卡羅萊納州立大學攻讀建築，姊姊在哥倫比亞大學，父親以艾森豪獎學金赴美五、六個月，他們相約在紐約，除了與兒女相會，費驊一點都沒閒著，立刻找了交大同學潘文淵、趙曾珏等人，談的不是舊友重聚、不是家事，而是國事。

相較於他們對國家興亡的熱情，甚至是執念，費宗澄坦言，他去國外十年一直都沒回台灣，連電話都沒打過，捨不得打，因為越洋電話費真的太貴了，外婆過世他都不知道，家裡也沒打電話告訴他。在美國攻讀學位並已經開始工作的他，其實沒認真思考過是否返國的問題，會回台灣也是一段因緣。

參與中正紀念堂競圖：父命與公平競爭的抉擇

一九七四年，台北市要推動鐵路地下化，費宗澄有幸參與了其可行性研究，十年來第一次回到台灣負責規劃台北火車站變更為台北市的交通轉運中心，在這短短九個月的時間裡，台塑的王永慶、王永在兄弟正好在林口捐了六十七公頃土地擬興建為體育運動園區，並包含一座可容納一萬五千人的室內體育館，且已經請了美國知名建築師事務所SOM（Skidmore, Owings & Merrill）完成規劃，並得到政府各相關單位的認可和讚許。SOM同時積極爭取完成細部設計，但是王永慶認為，既然有了細部規劃就應該台灣自己來做，便問費宗澄「願意留在台灣接這個體育館的細部設計嗎？」這真是天大的喜事，但是沒錢怎麼能成立事務所呢？只好開口請王永慶先付錢，沒想到他立刻就答應了。台塑老臣楊兆麟事後跟費宗澄說：「你膽子夠大，怎麼會問這種問題。」

因為林口體育館，費宗澄和合夥創辦人陳邁，就這麼回台灣了，轉眼就是近五十年。「我很感激王永慶」，費宗澄說，但是為什麼王永慶會動念找他呢？費宗澄一臉狐疑，「不知道，我並不認識王創辦人耶。」

承接林口體育館的案子回到台北，隔年（一九七五年）四月五日，老總統蔣中正過世，行政院於六月接受各界與治喪大員會議的決議，決定興建中正紀念堂，八月公開競圖徵件，費驊是十六位籌備委員之一。費驊找上了兒子，要費宗澄幫忙想想該怎麼辦？沒想到，有一天費驊問：「你要不要參加（競圖）？」費宗澄大驚，「我怎麼能參加？你是籌備處的主持人（之一）耶」，費媽媽也說「絕對不行」。

費宗澄的反應極為正常，這是公務員利益迴避最簡單的道理，沒想到費驊的反應是：「你非參加不可，這麼重要的事，我兒子都不參加，外人會想這裡面可能有問題、有內定；但你一定拿不到這個案子，你拿不到就表示競圖是公平的。」費媽媽氣炸了，認為這是拿兒子當笑話。

費驊的反應凸顯威權時代法制規範並不完備的「人治色彩」，但主事者的「人治」是為公心非為私利，擺在今時今日，即使兒子是國際第一流建築師，都不能參與父親主持的公共工程競標，第一關資格審查都無法通過。不論如何，費宗澄笑稱：「父命難違，我真的參加了。」

但如此的設計草圖與建築模型是否能被評審相中？他卻早就不動這個念頭，因為老爸說了，他不入選才能彰顯競圖是公平的。當然，他的設計最終並未獲選，只是列名佳作之一。

無償協助：緣分與責任的抉擇

對費宗澄而言，會參與蔣經國總統圖書館完全是一個「突然發生的意外」，這就是一種「緣分」，他笑說，小時候外婆跟他們講《聊齋誌異》就總講緣分。因為他的老友馬玉山決定要幫蔣經國基金會蓋圖書館，找上門來要他做營建管理，朋友有事義不容辭，他答應得極為爽快。費宗澄特別稱讚朱雲漢，「執行長了不起！他想到要做圖書館，問我是否適合？我說太好了！如果再來一個（中正）紀念堂，那政治爭議沒完沒了。」圖書館和紀念堂不同，圖書館的意義更為深遠，除了蔣經國生平事蹟和展覽，可以做的事情更多，既是市民的生活空間，也可以為學術提供空間與平台，既可以和蔣經國沒關係，也可以和蔣經國有關係，這樣的圖書館就有了生命，和城市、市民的生命脈絡相連。

沒想到沒過多久，馬玉山罹癌，營建做不下去，當時冠德子公司「根基營造」已經做了一些工作，有些事就談不攏，用白話文講就是「不知如何把帳算下去」，朱雲漢一個頭兩個大，費宗澄自動請纓，告訴基金會主祕宋翠英，「我來協調一下好了，看看能如何解決。」基金會如大旱之望雲霓，所謂「隔行如隔山」，基金會覺得困難，但建築營造則是 give and take，總是有商有量，比方水泥鋼筋混凝土價格是算得的，但若涉及規劃，那價錢的彈性空間就大了。費宗澄對根基營造說：「你們董事長（馬玉山）進來，就是要幫基金會忙的，所以你們不能賺錢，派進來的人也不能用最資深的價格計算，要用均價。」

費宗澄一出手，解決了根基營造中途離場的計價問題，才有下一步，但是建案要開工，前面不做的營造廠不走，後面的營造廠不能進來，基金會對這樣的問題完全無能為力，費宗澄則是駕輕就熟，這算是營建業的日常，他自認「不算幫大忙」，基金會卻覺得貴人相見恨晚。宋翠英因而詢問能否直接改為宗邁建築師事務所接手？費宗澄卻說：「不合適，本來我的角色是乙方（馬玉山），現在變甲方，不適合。」但他想出另一個辦法，「我可以幫忙，像是顧問性質，但不收錢」，事情就是這樣開始的。

為什麼會想出「不收錢」這招？費宗澄講了一個大白話，「不收錢，講話就大聲一點」，但背後還是不脫「緣分」。第一，這是長輩潘文淵教給他的，早年國家常找潘文淵幫忙，還在美國RCA工作的潘文淵就說，幫忙的「三不原則」很重要：不能收錢、不能動用公司資源、不能洩露公司機密；第二，他是在計畫中途進去，要算錢很難算，而且「馬玉山找我時，也沒說要付我錢哦，所以我怎麼能說要收錢？」；第三，馬玉山對國家、對蔣經國有感情，他是因為身體無法繼續，而他的子女也接不下來，「不做」

並非他的主觀意願，而是迫於客觀現實，基於朋友之誼，他也願意義務幫忙，費宗澄坦言，這是上一輩和他們這一輩的感情和道義，子女未必能體會和理解，不要說馬玉山的兒女不願意接手，換作他自己的兒女也未必首肯。但他沒有考慮這麼多問題，就覺得這是應該做下去、做成功的事。

不懈地協調與堅持信念，成就圖書館的建設與靈魂

「營建管理」帽子很大，處理的問題從基金會角度而言都是大麻煩，但從費宗澄的角度來看，大計畫要協調整合是天經地義的事，碰到麻煩時，他先了解情況做出一些建議，最終還是要基金會拍板。例如，營造廠說要這麼做，基金會又說沒同意，那該怎麼辦？又或者，營造廠先斬後奏，做出的東西基金會不滿意，又該怎麼辦？他就協調兩方在工序上、預算上找到一個更利於工程推進的方法。再比方說，圖書館開國際標，設計毫無疑問極時尚，但落實在工程上卻相對昂貴，那就得想辦法看看能否在設計上小幅調整，並達到降低價格的目的；費宗澄以桃園國際機場第三航廈為例，那也是開國際標，做了一個極為先進的時髦設計，但很難百分之百照設計圖施工，從營造標準、法令規範到工程經費，無一不是要商量，甚至彼此妥協的。這些是基金會認為難以解決的事，

費宗澄則居中協調，過程可能有些波折，預算可能超過一點點，但都能解決，像是捐款碰到困難，缺錢就緊縮景觀造景，基金會事事頭痛，費宗澄則視為稀鬆平常，沒那麼嚴重。

費宗澄說：「過程中都是很瑣碎的事，真正困難的是執行長要面對、考量的。」什麼是真正的困難呢？他認為圖書館建成後要營運、要展覽、要有內容，「不能房子造好了，裡面是空的」，他說的「裡面」不是裝潢而是內涵和靈魂——包括策展的內容、提供的服務，他認為朱雲漢在這方面掌握得非常好。圖書館堂皇卻不奢華，他認為園區最美的就是七海寓所，當年能把園區BOT給基金會，並從蔣經國故居更新開放，進一步做到蔣經國總統圖書館，是非常了不起的發願，而結果也非常圓滿，如果不是基金會，園區土地的利用能不能順利協調國安局、海總，甚至附近里長們，大概都有問題。讓費宗澄最感動的是，他告訴朱雲漢「造房子容易，維持不易」，執行長則說「我有信心」。

蔣經國總統圖書館誕生了，這不只是「信心」，更是「信念」，是一種堅持的動力。對於基金會的努力，費宗澄用三個字作為注腳：「了不起。」

第五章

曾經荒煙蔓草，如今綠意盎然

在蔣經國的政治生涯中，「七海寓所」無疑是最具象徵意義的住所之一。這個原本破舊荒蕪的地方，見證了台灣一段風雲變幻的歷史，也承載了蔣經國那份儉樸、為民情懷。這裡最初是軍方為接待美軍而設的招待所，直到一九六〇年代，蔣經國因台北市的拓建計畫而不得不從長安東路搬遷至此。如今，在這片綠意盎然的園區中，曾經的荒煙蔓草已經被修復成一座與世無爭的文化空間，走在園區內，不僅能一窺這位平民總統的儉樸生活，還能感受到他心繫民生、淡泊名利的精神。不禁讓人思索，這樣的場所，或許是最能呈現一位國家領袖與人民之間那份微妙而深沉的連結。

七海寓所跟士林官邸比起來，差太多了，
根本不能相比，不像是總統住的地方。
——周仲南先生訪問紀錄

七海收回去，我可以到哪兒去住？
難道要到頭寮跟經國先生一起？
——蔣方良（何榮昆先生訪問紀錄）

二〇二三年，一月十三日，蔣經國逝世三十五週年，暖冬溫度飆高到近三十度，簇新落成的七海園區在白花花的陽光下，格外精神，園區內的遊客未達「如織」卻也比預期的熱鬧，遊客中心和蔣經國總統圖書館的餐廳都有五成滿，畢竟新冠疫情雖然近尾聲，但國際與大陸觀光客回籠還遙遙不可期。

七海寓所志工神采奕奕地在門裡門外招呼遊客，過去的侍衛室和車庫已簡單改建成遊客進入寓所前的停等區，蔣經國坐在門前伴以板橋市民送的菊花盆栽合影之巨幅照片就在入門左側，如同美國雷根總統圖書館也有人身比例的照片，可供人合影留念。

這一天的遊客，是否特別選在蔣經國逝世的日子前來，不得而知，畢竟三十五年過去，行禮如儀的悼念已遠，少數政治人物多半會前往頭寮表達敬意，而非寓所；包括基金會自成立以來，每年也都會送花到頭寮致祭。相對而言，寓所就是留下一位曾經對台灣政治經濟發展具有關鍵影響力國家元首的生活印象，告訴世人何為「平民總統」。園區並未特別為這一天舉行任何儀式，不像前一年園區落成並開幕，基金會特別選在四月二十七日在寓所前舉行升旗典禮，讓一切回歸平常。

來自浙江、京都美術館的設計靈感

偌大的園區，就像一個小型公園，七海潭襯出圖書館的倒影，景致格外舒心。走過七海潭的石橋，基金會主祕宋翠英直言，靈感來自浙江烏鎮的木心美術館。為了園區，基金會在數年內走訪國內外數十座圖書館、美術館，或具有特色的建物，石橋只是例子之一；比方圖書館進門的中庭，希望有一株松樹發想來自貝聿銘設計的美秀美術館（日本京都），但要找到一株造型適合的松樹，卻也費了很大功夫，畢竟松樹不好養，最後在八里覓得一株造型極好的真柏，宋翠英還記得去看樹的那一天，下著好大的雨，水都淹到腳踝，在滂沱大雨中認定一棵樹，其實並不浪漫，但卻有種「終於找到你」的歡喜。

走在面目一新的園區，宋翠英感嘆，進入園區的第一眼，既感傷又驚愕，她是七海寓所被指定為市定古蹟後最早進入園區的人之一，當時園區內通道狹窄、步道剝落、處處裂縫，林荒草木深，就是一個沒人管而極為蕭瑟之處。事實上，園區周邊自蔣經國過世，即使蔣方良還在，管理就不大受重視，蔣方良走後就更沒人在意，走進寓所更讓人難過。全台「蔣公行館」從高雄福壽山、嘉義阿里山、桃園角板山到台北陽明書屋，每一處「行館」都像個總統曾經住過的地方，管理得有條不紊；七海寓所則不然，目光所及之處，只有兩個字可以形容：破舊，家具老舊，有張桌子甚至還有膠帶貼著桌面，房舍老舊，甚至還是鐵皮屋頂，只因為漏雨未修以鐵皮防漏。幾乎所有參觀過寓所的人士，都會對蔣經國儉樸的生活驚訝又感動，鴻海董事長郭台銘看過後就表示，要請太太帶孩子常來，看到七海寓所的簡單，對比其他領袖人物宅邸的富麗，蔣經國是真正心繫百姓的領導人。

基金會接手修復與文物保存

基金會接手七海園區，就是從寓所被指定為古蹟開始，當時北市府編了一筆預算，委託鼎騏建築師事務所做調查報告，並準備展開修復工作，基金會執行長朱雲漢擔心北市府修復工程不到位，某次機會下，和當時兼任基金會董事的尹衍樑提起，尹衍樑立刻同意接手修復工程，費用由基金會負擔，功勞歸給北市府，尹衍樑在寓所屋頂使用的防水材質是與奧林匹克游泳池同等規格的——拜鐵膜。

寓所防水工程之外，中華信望愛基金會和蔣經國基金會共同出一筆錢，將後方破舊不堪的庫房也做了基本整修，並分為四個空間，加建恆溫恆濕設備，好安置文物藏品，這才能開始委託中研院近史所楊翠華帶領的團隊，清點文物並列冊做成資料庫。這群工作人員每天在荒蔓人稀的庫房上班，害不害怕呢？宋翠英笑答，有人坦白說是有一點怕，但也有人完全不介意，並說蔣經國會保佑他們，但會投入到這項工作的同仁，基本上都對蔣經國心存敬仰。宋翠英記得，剛到寓所時只有黃瓊慧留守，編制在總統府警衛隊，她的阿姨以前也照顧過蔣方良，黃瓊慧一人守著寓所，每天早上都還是分別在蔣經國和蔣方良臥室的床頭櫃放上一杯水，彷彿他們都還在，從未離開。

從長安東路十八號到四海招待所

蔣經國是在一九六九年從長安東路十八號居所遷到原名為「四海招待所」的七海寓所現址，在台灣四十年不到的時間裡，他長住之處就這兩地。長安東路是一九四九年南渡抵台後的落腳之地，住得還更久一點，共二十年；這裡原來是華南銀行所有（一說是董事長宿舍）的日式房舍，沒有花園，只有水泥邊院一塊，可供停車與司機休息，在這裡的二十年裡，蔣經國歷（兼）任國防部總政治作戰部主任、青年反共救國團主任、國防會議副祕書長、退輔會主委。或許是因交通方便，住所雖小，蔣經國從沒想過換屋，根據前中視總經理、曾任蔣經國侍從參謀的鍾湖濱憶述，的確有人認為蔣經國公務繁忙應該換個大一點的居所，但蔣經國從不同意。

蔣經國會從長安東路遷往七海，並非出於主觀意願，而是基於政策需求的客觀現實。一九六三年，台北市人口數破百萬，依當時的《市組織法》可以升格為「院（直）轄市」，市長官派，不必像其他縣市必須民選，直到一九六七年換屆改選前的七月，正式升格，首任官派市長是無黨籍的高玉樹。鍾湖濱說，「蔣公認為高玉樹先生乃本省籍青年才俊，極具辦事能力，故特別破格任用」，高玉樹幹練這一點殆無疑義，立委康寧祥認為高玉樹是為台北市留下最多建設的市長，他聘請藝術家顏水龍擔任市府顧問，規劃敦化南北路、仁愛路林蔭大道，以及仁愛路圓環是經典之作，這條呈英文字母L字形狀的林蔭車行大道，起終點是松山機場與總統府，配合松山機場擴建，充實台北迎賓的門面。

在此之外，高玉樹認為，台北市既然為政治中心，市容必須美化，而政府也放寬高樓興建限制，馬路主要幹道勢必要拓寬，包括中山南北路和總統府周邊，如愛國東路、中華路等，其次則是連結中山北路幹道的支線，如長安東路、南京東路、民族、民權、民生等路。高玉樹當時碰到兩大難題，第一是道路拓寬若涉及土地徵收，影響民眾權益難免抗爭，第二是相關道路上的政府機關，如愛國東路上的警備總司令部、國防部、交通部部分房舍等，市政府根本無法以一紙公函要求政府機關配合拆除。

蔣經國遷居三原則：不能建、不能買、只能借

鍾湖濱憶述，當時高玉樹就找上蔣經國，一方面報告台北市美化計畫有賴政府機關配合拆遷，二方面也直接說明長安東路拓寬，必須將長安東路十八號的大門和部分圍牆拆除，對蔣經國表達歉意。事實上，當時的長安東路周邊已起建高樓，長安東路十八號在高樓環伺下，既無隱私，更遑論維安，而拆除大門和圍牆後，車輛無法停駐，連司機等工作人員都沒有待命空間。蔣經國聽取報告後，立即表明美化台北市容、維護市民權益是既定政策，他當然同意，於是長安東路十八號率先拆除，蔣經國以自己的居處為示範，其他道路拓寬的困難也迎刃而解。

但因為蔣經國完全接受高玉樹的主張，因此「被逼得」非搬新家不可，否則以蔣經國家具不換、座車不換，連新衣都甚少添置的個性，大概不會同意為了他特別找處新居所。

果不其然，蔣經國立下「遷居三原則」：第一，不可新建房屋；第二，不可購買已建的房屋；第三，可以租賃或借住房屋，但不得奢華，符合需要即可。這三項原則勿說不符合「官邸」定義，甚至與「首長宿舍」都相去甚遠，其原則某種程度上反映了蔣經國並未把自己的居所視為「官舍」，而只是「蔣經國和其家人住的地方」，他要求的是

儉樸、簡單，但是不能建、不能買、只能借，就是一樁高難度的任務。所幸鍾湖濱因為曾在海軍總部服務，知道大直海總左鄰有一「四海招待所」，本來是美軍顧問團（第七艦隊）和南部北上洽公之海軍軍官住宿之用，符合蔣經國的「三原則」，鍾湖濱還列出其他四項優點：第一，從大直到士林官邸路途甚近、交通方便，利於蔣經國每日定省；第二，招待所在海總左側有圍牆分隔，內院空間較大，便於維安，也利於工作人員安頓；第三，環境清幽，居屋後方還有一小山（坡），可整修為步道供蔣經國散步健身；第四，距離衡山指揮所和松山機場甚近，就軍事安全角度尤為適合。在鍾湖濱的報告後，蔣經國親自視察居所，沒有不同意見，沒多久蔣中正也親往視察，對鍾湖濱的報告表示滿意，遷居計畫才拍板定案。

七海新村招待所

遷台之初，海軍總部本在左營，日治時期就是日本海軍港和潛艇基地，後為三軍便於連繫，皆隨國防部設於台北，海軍之所以選址大直，本來也是日方情報機構所在地（據鍾湖濱記述，生化與毒蛇研究所也在此），有木造辦公室多棟，還有一水潭，海軍總司令桂永清命名為「四海潭」，西側招待所即命名為「四海招待所」。事實上，左營軍區的海軍招待所就叫「四海一家」，桂永清以此為名寓意海軍四大系統：馬尾海校、青島海校、電雷海校、新制海軍官校（黃埔系），期望能如一家人同心協力報效國家。一九五四年十二月三日，《中美共同防禦條約》簽訂，美軍第七艦隊確認在台北設立「台灣聯絡中心」；一九五五年，第七艦隊曾經護航大陳撤退；一九五八年，金門八二三砲戰時也曾護航我海軍運補，從此，第七艦隊經常巡弋台海，美方官員並經常來台洽公，蔣中正遂將之改名為「七海新村招待所」。

在蔣經國確定遷居前，這個用於接待美軍的招待所，幾乎就確定未來會到訪的「客人」勢必愈來愈少。一九六九年一月二十日，美國總統尼克森在就職演說中，公開表明有意與北京修好，一整年裡，美國公開的動作或宣示諸如：開放六類美籍人士可以觀光身分訪問中國、開放美籍公司可與中國進行非戰略性商品交易、第七艦隊巡弋台海將從定期改為不定期、反對軍售F４D戰鬥機給台灣等。鍾湖濱回憶，一九六九年十一月前，美方太平洋總部正式通知我方，第七艦隊將停止巡弋台灣海峽，並在當年十一月起大幅削減軍援，「故美海軍訪台大量減少，招待所則形同虛設。」

招待所形同虛設不是重點，重要的是，這意味著美中關係的重大轉折，美中建交已端上議程，美國與中華民國斷交只是時間早晚的問題，而聯合國席次更不樂觀，蔣經國是在這樣的險峻情況下，從長安東路遷到七海寓所，也被蔣中正任命為行政院副院長，開始負起「政務」大責。

戒斷安眠藥，也戒斷舊友

蔣經國的「改變」不僅僅是「搬家」這麼簡單。從長安東路遷到七海招待所的一兩年裡，他連闖人生的「兩劫」，算不算是他最「奇特」的經歷？很難定論，畢竟他的一生起伏之大，也非尋常人能相提並論，儘管歷經戰爭離亂的一整個世代，每個人幾乎都有一段難以言說的故事，比方說留俄形同「質子」差點死在西伯利亞，比方說贛南寫下從政高峰，不旋踵上海打老虎卻差點把自己打進谷底，隨父遷台後，對兩蔣父子而言，他們的人生風景大概從此再無高峰。

鍾湖濱記憶中的蔣經國，就是個工作機器，每天工作超過十二小時，全年無休，特別是升任國防部長後，繁重的工作壓力讓他嚴重失眠，不能不依賴安眠藥，用藥程度已到了醫囑必須完全戒除的地步，蔣中正遂「下令」他離開台北一個月，不得處理公務。有一天下班後，蔣經國簡單指示「明日出差」，隔日上班簡單處理公務後，就由鍾湖濱陪同前往橫貫公路的青山招待所，在這個遠離塵囂的地方，他能做的只有閱讀報章雜誌和《聖經》，偶爾作畫，晚間則以毛筆書寫日記；前兩週因為禁止用藥，半夜還是經常睡不著而起床散步，因為散步真的很無聊，跟著蔣經國許久的鍾湖濱這才提起勇氣問了一個憋在心中的「大問題」——「為什麼從不讓我為您提公文提箱？」

這真的是個問題。一般隨扈武官是不為長官提公事包的，他們身負主官的人身安危，防彈包或佩槍才是他們應該隨手攜帶的；侍從參謀則不同，是可為主官拎公事包的，但不能為主官做些拉窗簾、收遞茶水等雜事，蔣經國將這一點分得很清楚，什麼職務做什麼事。但為什麼他從不讓鍾湖濱提公事包呢？這中間還真的有故事。

吳稚暉教誨：蔣經國的生活原則與儉樸精神

原來，年輕時的老師吳稚暉曾告訴蔣經國，當年在學堂裡教課，很多學生看他每天走路上課太辛苦，於是集資買了部黃包車（人力車）送他，基於學生的好意不能拒絕，但實在不願意使用，吳稚暉竟請人把黃包車的拉桿鋸斷，把車擺在客廳當沙發。吳稚暉的立論是：「人有兩條腿，動物有四條腿，用自己的腿不夠，還要再用別人的兩條腿幫你拉車，豈不與動物無異？所以，路要自己走，事要自己做，不要依賴他人。」這是吳稚暉做人的原則，也成了蔣經國的原則。

故事屬實，不過，一九五三年蔣經國署名文章〈永遠與自然同在——追憶吳稚暉先生〉，受師命鋸掉黃包車拉桿的不是別人，正是蔣經國本人，至於送黃包車的也不是學生們，而是「不知道誰」。哪一個版本為真？並不重要，重點是這成了蔣經國待人處事的原則或方式之一。

吳稚暉本人的生活儉樸，輕看功名利祿，蔣經國追憶吳稚暉時，還提到兩個小故事：第一個故事，講述美國開往上海的郵輪在日本沉沒，多數旅客被救起，卻有十一人不幸罹難，為什麼？有人說不會游泳，有人說救生配備不好，吳稚暉都搖頭，正確答案是——他們帶太多黃金，綁在身上太重了，一落水就沉底了；第二個故事，說的是一個在路上撿到鈔票的小孩，本來不知錢為何物，有人告訴他可以買很多糖果，之後小孩總是低頭走路，老想著還能不能再撿到什麼好東西，結果卻被馬車撞死了。兩個故事講的都是勸人「不可貪財」，蔣經國自年紀漸長更能體會老師教誨時的用心，終其一生，財物對於他而言，的確沒什麼誘惑力，七海寓所的陳設即可印證。

蔣經國與鍾湖濱的對話，青山招待所的山居歲月

鍾湖濱問蔣經國問題，蔣經國也會回問他問題，鍾湖濱坦言，有的問題蔣經國會

答，有的問題則不會。有一次蔣經國問他，走遍台灣，見過許多廟宇，大部分是土地公廟、媽祖廟或關帝廟，「在東部只見過一座岳飛廟，這是什麼原因？」這個「大哉問」讓鍾湖濱想了兩天，給出的答案概要是關公曾侍奉兩位主公（關羽曾在曹操帳下），岳飛則忠君愛國驅逐外敵，不符日本皇民化的政策云云，這番以政治角度解讀宗教的說法，得到蔣經國的讚賞，認為他有進步。

蔣經國為什麼會注意到民間信仰？難以揣度，不過，鍾湖濱悶想出來的答案當然未盡準確。簡單講，台灣各地關帝廟遠多過岳武廟，與其說是日本統治需要，不如說是與中國歷朝政情起伏更相關，不論是在大陸或在台灣，祀奉關武大帝的本來就多過岳飛。民間經常是佛祖觀音與關公同奉，蔣中正母親王采玉在家中佛堂就供奉著一尊關公像，這尊關公像隨蔣氏父子遷台，因為蔣中正與宋美齡信奉基督，不能在官邸設佛堂，遂交代蔣經國代為處理。這尊關公像在一九七九年由魏景蒙代表，以蔣經國個人名義捐贈給大溪普濟堂供奉；二〇一三年馬英九擔任總統時，曾請關公遶境時回總統府「娘家」與之合影，這是後話。

非常可惜，這一個月的「無聊日子」，鍾湖濱只記述了這兩個故事，否則或許可以從更多細枝末節上，觀察或理解蔣經國在接下重任前的所思所想。

這段青山招待所的山居歲月，很快就過去，蔣方良每週會帶著家人和醫師前往共度週末，身體調養得差不多，安眠藥的問題也徹底解決，蔣中正遂同意他銷假上班。同時間，七海寓所大抵修繕完備，一九六九年一月十八日，蔣經國舉家遷到大直，在這裡度過他人生最後十九年，也為台灣打下民主繁榮的基礎。

因自律與政商分界、斷交

遷居半年後，一九六九年六月二十五日，蔣經國被任命為行政院副院長，職務改變，對公私界限一向分明的他就更謹慎了，鍾湖濱記得，在長安東路的時候，除少數與涉外事務相關之外賓，為禮遇故，會由錢復陪同在宅邸招待，各界人士之會見都在辦公室，節慶時才會有少數親屬或留俄時期的同學故友會在長安東路歡聚，如嚴靈峰教授、王新衡（曾任立委，後棄政從商，出任亞洲水泥董事長、遠東紡織常董等職）、趙聚鈺（曾任退輔會主委）、孫義宣（金融家，曾任中央信託局理事主席、央行副總裁、台銀總裁）等人，但因為職務的變更，自律甚嚴的蔣經國遂與王新衡斷絕往來。

蔣經國對政商關係的戒慎、甚至嫌惡，一以貫之，贛南時期如此，上海時期打老虎更是如此。主政後他格外重視財經民生政策，與少數企業界人士的公務會面絕對安排在辦公室，近年解密的《蔣經國日記》，一九七九年五月一日，他如此寫道：「今日失民心者，乃在於官吏之無能、腐化、貪汙，以及官商風氣之敗壞且有惡化之勢，此為我最擔憂者也。」又記：「最近葉翔之之子放高利貸捲款逃至國外一事，影響民心之大，可以把政府的政績一筆勾消，思之心痛亦愧對百姓和黨國。因為葉某是我所用的，我用了兩個敗類，一個是葉某，一個是陶一珊，而此二人皆為王新衡所介紹，我自己承認一時糊塗且有罪，用人應格外審慎，切記切記。」他與王新衡已斷絕往來十年，還記得這個「老朋友」，卻更痛心「老朋友」介紹的人。葉翔之是蔣經國掌握情報的得力助手，曾破獲「吳石案」和「蔡孝乾案」，「戰績」卓著，出任情報局長十餘年，但卻因子賈禍。

陶一珊事件與蔣經國的潔癖：權力中的孤獨

陶一珊則曾任台灣省警務處長（一九五〇至一九五三年）兼管情治與治安，也曾頗為蔣經國倚重，其人領導風格開明，對提升警察地位頗有創舉，不過好光景極其短暫，他很快被免職，留下可查考的事蹟非常少。根據一份當時駐台大使館的一等祕書董遠峰（Robert W. Rinden）回報美國列為「機密」的信件（一九五三年七月十日），指稱陶一珊被撤職的原因，是他迴護了一個「走私集團」，而這個「走私集團」牽涉到高層官員的夫人們。

《蔣經國日記》以「敗類」描述他倚重過的陶一珊時，距離陶一珊被撤職已過了整整二十六年，美國情報密件所述情節可信度大概不低，才會讓蔣經國痛心不忘。事實上，蔣經國用人、交友的「潔癖」程度，貫穿整個台灣時期，政壇大概無人能出其右，例如在十信案後，蔣彥士也形同被蔣經國「逐出」權力圈外，若非前總統李登輝繼任，蔣彥士幾無重新起用的可能，類似案例不勝枚舉。

王新衡、葉翔之、陶一珊的故事，反映的是蔣經國身處權力高峰的孤寂，這樣的孤寂某種程度也是他自覺與自律所刻意造成，知者肯定他的清廉自持，不知者則譏其疑心病重，或許兩者兼有，只是輕重不一。七海寓所有這位主人，外人看似神祕，實則蕭瑟，陪伴他的除了家人，只有國事；更蕭索的是，他戒斷了舊友，終其一生卻未能真正戒斷安眠藥，而他也不止一次在日記裡反覆警惕自己。

訪美遇刺，七海警衛組成立

在遷居七海前，並沒有編制完成的警衛隊保護蔣經國的安全，曾任七海侍衛室主任的前國安局副局長胡鎮球回憶，一九六八年九月，蔣經國還是國防部長時，有一回前往七星山視察空軍雷達站，只有駕駛邰學海陪同，因為要走一段山路才能到達雷達站，蔣經國要邰學海留在原地等他，未料他卻迷失在山區，花了好一段時間才找到人，而且凍得不輕，因為有這段驚險的經驗，時任侍衛長的郝柏村報告蔣中正，開始加派警衛維安。但一直到一九七〇年四月二十四日，他以行政院副院長身分訪美遇刺，返國後的五月十六日才正式成立七海警衛組，編制二十二人；就任總統後，蔣經國限制上限為六十人，晚年因應需要，才又再增加到一百一十五人左右。

「四二四刺殺蔣經國案」（下文簡稱為「刺蔣案」）是當年的大事，國際媒體多有報導，美國總統尼克森正式道歉，並派七〇七專機，由聯邦調查局和白宮特勤安全人員隨行後續的行程。解嚴後，早年「黑名單」人士陸續返台，包括刺蔣案的當事人鄭自才、黃文雄等人都出版回憶錄，從多方面敘述並解讀其刺殺動機與後續影響。事件讓美國視台灣獨派團體為暴力組織，這也是釀成海外獨派分裂的潛因；另一方面，這對台灣內部民主進程有多大刺激，當時隱而不顯，倒是蔣經國不時思考，並在日記裡寫下「台灣人為什麼要殺我？」對異議人士而言，蔣經國的反省或許有矯情之嫌，但是，這對素性喜歡接近民眾的他而言，確實是個大問題。

視蔣經國為威權統治者的視野，會著重於他曾經扮演情報頭子的角色，而在絕大多數肯定蔣經國的民眾眼中，他是中華民國最親民的總統，「親民」二字說來容易做來難，重點更在於領導者是否真心喜歡親近民眾，對必須拉攏選票的民選總統而言，都不是一件出自衷心的舉動，但蔣經國則不然，他是真心喜歡接近群眾。贛南時期曾多次近身採訪他的知名記者曹聚仁，當年多篇報導文章記述這位仕紳畏懼、民眾歡迎的「蔣專員」，不時出巡贛南各縣，數個偏僻村落都有他的足跡，問他為什麼？蔣經國說：「老百姓真是好的，我們和老百姓多接近，老百姓就會接近我們。」他的政府是民眾能走進去的政府，若有民眾不知門路者，可逕赴「民眾問事處」，接受民眾陳情，甚至為之代寫訴狀，每週四他親自坐鎮與民交流，贛南政績不是「神話」，而是實實在在發生的事。

蔣經國訪越南遇險，火箭砲攻擊大使館

外界比較不知道的是，同年（一九七〇年）五月，在刺蔣案發生隔月，蔣經國再次以行政院副院長身分率團訪問越南並拜會總統阮文紹，行程只是短短五天，但因為訪美遇刺，當時駐越大使胡璉直接「上書」蔣中正，建議取消此行，胡璉的理由是，美國尚且不能保證蔣經國的安全，遑論戰火連天的越南，特別是西貢亂之極矣。蔣中正把胡璉的意見告訴蔣經國，但蔣經國一口回絕取消的提議，堅持照既定行程前往，胡璉攔不住

他，改要求他別住在越南國賓館，選擇住在自家使館，他接受了；沒想到的是，越南政府對蔣經國不住國賓館卻住使館，覺得頗不是滋味，阮文紹力邀蔣經國移住國賓館，且保證絕對安全，基於外交禮儀，不能讓地主國沒面子，他便同意移住國賓館。不知越共是否得到情報，竟衝著大使館發射火箭砲，導致使館門窗都被震碎；移住的國賓館外，則停駐裝甲運兵車以防禦，防止再受攻擊。鍾湖濱以「託天之福，有驚無險」形容蔣經國一年兩次遇險的特殊經歷，回憶再驚險都是平面的，但對兩蔣父子而言，特別是蔣中正，對蔣經國返國後的維安需求，就不能不嚴肅以對了。

七海警衛組在這樣的背景下成立，可以想見，能進入的人員都必須經過層層考核、萬中選一。以曾任蔣經國座車警衛官、侍衛官的少將李祖怡為例，他在憲兵學校就讀時，就拿下國防部二等射擊獎章，他是在一九七〇年五月十六日成立七海警衛室時報到，報到第二天就到國安局展開為期一週的「虎士講習」，課程包括特別警衛綱要、區域警衛、道路警衛、蒞臨場所警衛和保防教育等，當時蔣孝武、蔣孝勇兩兄弟還曾到場旁聽。隔年，七海警衛組再改制為特別勤衛組「七海警衛分遣組」（這是與蔣中正的士林官邸警衛，以及副總統官邸警衛一併納為特別勤務的編制）；一九七五年八月，「聯合特別警衛指揮部」改為「聯合警衛安全指揮部」（下文簡稱為「聯指部」），「七海警衛分遣組」也更名為「七海警衛室」，另有士林警衛室與重慶警衛室；一九七八年，蔣經國當選總統，七海警衛室維持不變，但增加編組。以車隊來說，就包括先導車、座車、隨扈車、先遣車和醫療車等；「聯指部」負責元首維安，但一直是任務編組，直到一九九四年國安局法制化。一九九八年訂定《國家安全局特種勤務實施辦法》，「國安局特勤中心」才真正有了法制規格。

警衛組文武特訓，射擊、拳術、藝文鍛造精銳人員

進入七海警衛室的訓練不比下部隊輕鬆，射擊與拳術尤其是必須不斷精進的基本功。以射擊為例，M16步槍、衝鋒槍和手槍都得操練，李祖怡回憶，為了加強特勤警衛的臂力，當時的副組長蔣志太還要求他們在槍頭準星上吊掛磚塊來瞄準靶心、扣扳機，這算不算「土法煉鋼」？當然，不能只是舉槍擺擺樣子，他們每個月都得到士林靶場實彈練習，舉行射擊比賽，還要列入年度考核，比方說，五十顆子彈限時五分鐘內完成射擊，地點從六十、五十、四十、二十五、七碼處，分別用不同的臥姿、跪姿、蹲姿射擊，還有弓箭步左右手射擊靶心等，碰到電動靶出現，必須三秒鐘內拔槍瞄準並快速擊發。不要以為這樣的訓練對職業軍人而言是簡單的事，過去就曾發生同事誤扣扳機傷及大腿的意外。

拳術訓練就更有意思了，他們的老師是宗師級的劉雲樵。大陸時期，劉雲樵跟李書文學八極拳、跟張驤伍學昆吾劍法，曾問道宮寶田學八卦掌，也曾跟著丁子成學六合螳螂拳。劉雲樵從走闖江湖到報考軍校成為情報人員，前半生活脫脫就是一幕幕民國武俠小史，遷台後曾在湖口擔任訓練大隊長、傘兵司令部參謀處人事科長、聯勤北部區中心主任，一九五五年以上校軍階退役，賦閒在家數年，直到一九六七年總統府侍衛室改組，侍衛長孔令晟是劉雲樵的軍校同學，在孔令晟引薦下成為「特勤拳術教官」，每日指導練拳，風雨無阻。

李祖怡記得，一九七三年，旅居美國的長女蔣孝章與夫婿俞揚和帶著兒子俞祖聲回台探親，俞祖聲當時約莫十一、二歲，正是活動旺盛、精力無窮的年紀；有天清晨，在寓所庭院草坪，由劉雲樵指導、李祖怡示範打拳，蔣經國開心地在一旁看小外孫練拳。那段時間，和俞祖聲年紀相仿的蔣孝文長女蔣友梅，也經常到寓所陪俞祖聲，小外孫和小孫女在庭院騎腳踏車、打棒球，李祖怡則充任投手，孩子的笑聲是寓所最溫馨的記憶。

共同記憶是「紀律」

寓所特勤是武官，但得符合文武兼備的需求，除了固定的射擊、拳術等，還特別聘請書畫家張炳煌、李奇茂、李沛等老師，不定期邀請學者專家做時事專題演講，李祖怡就記得李鍾桂（前救國團主任）、周應龍（曾任國民黨文工會主任）曾是他們的講師，同時還會安排英、日語課程，擇一修習，晚期還多開了電腦課程。

曾任蔣經國「侍從攝影官」的高稚偉，依舊記得李奇茂教水墨的神采，老師宣紙一鋪，提起毛筆卻落了一滴墨在紙上，大家以為這下子得重鋪一張紙了，卻見李奇茂氣定神閒，口中唸著「沒關係」，隨手揮出，一滴墨就成了一隻鳥、一匹馬或一棵樹。而張炳煌是硬筆書法家，當時曾在中華電視台的《每日一字》節目教授標準字體，高稚偉常在七海餐會上書寫布置標語，上了張炳煌的課之後，自嘲說原來以前他不是「寫字」，而是「畫字」；至於電腦課，從DOS系統學起，很跟得上時代，對退役後的轉職也有利，高稚偉則因此很早就開始用電腦管理蔣經國的照片。

七海警衛室的共同記憶就是——紀律，這是一支紀律嚴謹的隊伍，從訓練到生活，要求嚴格程度幾乎沒有任何組織能出其右，包括士林官邸警衛。座車侍衛官郭偉業回憶，侍衛長要求他們生活工作「兩點一線」、力求簡單，所謂「兩點一線」就是自家居處和七海寓所，休假就回家，不要到處應酬，避免與無謂之人的接觸，這是侍衛長的要求，卻也是蔣經國的紀律。不只對警衛室人員如此要求，對文職祕書亦是如此，警衛官黃富陽引述七海流傳的一句話，最足以說明「紀律」像刻在他們身上的烙印：「在外面說自己是七海的人，絕對不是七海的人。」

不要國家多花一分錢在自己身上

蔣經國不重視生活享受，終其一生以「刻己」一以貫之，表現在外最具體的兩件事：第一，他非常厭惡更換座車，為此還發過脾氣；第二，寓所陳設簡單儉樸，必要的修繕都能免則免，直至晚年，甚至得趁他住院期間才能修漏。這些堅持在今日看來，其實都未必符合元首維安需求。

曾經先後服務過士林官邸、七海寓所的侍衛官何榮昆回憶，蔣經國座車慣用別克，從行政院到總統府，一輛車九年開到底，直到總統第二任期間，某次行經中山北路連續拋錨兩次，車是非換不可了；然而，車是換了，卻沒「升級」，依舊是別克，唯一增加的是防彈功能。至於總統府添購的兩輛凱迪拉克，蔣經國交代給副總統謝東閔和行政院長孫運璿使用，結果週三國民黨中常會，謝東閔和孫運璿分別乘坐新車前往，孫運璿抵達中央黨部後，發現總統座車還是那輛老別克，之後便立刻將新車交給外交部，作為禮賓車。

李祖怡回憶蔣經國少數生氣的例子，有一次到部隊視察，過往都是乘坐軍用吉普車或老福特黑色轎車，某次李祖怡和縣長在前座，蔣經國和部隊指揮部司令坐在後座，司令報告說想買兩部休旅車，好給蔣經國和隨員乘坐，沒想到蔣經國聞言勃然大怒，「國家在這麼艱困的時候，你還為我買車，浪費公帑，莫名其妙！豈有此理！我不坐。」「莫名其妙」就是蔣經國生氣時最常用、最重的用語。當年，國家財政處境不若今日，但總統座車始終沒有升級，甚至沒有防彈功能，都是難以想像的，至於座車當然亦非專供總統使用，蔣經國之怒，怒在他不要國家多花一分錢在他身上。

寓所如人，晚境難免也淒涼

七海寓所並非全新成屋，蔣經國搬進去時，結構已經老舊，入住前只稍微整理，而非全面翻新。剛搬進去沒多久，有回遇上大雨，居然連客廳都漏水，還得用水桶接著，免得地板積水，蔣經國也不以為意，只要求找人來修，「能住就行」。漏水之外，因為寓所傍山而建，相對潮濕，壁紙很容易反潮、發霉破損，壁癌也頗為嚴重，蔣經國卻不讓修換，直到他因為身體不適到榮總調養數日，七海警衛組立刻搶時間請榮工處前來抓漏，由何榮昆監工，榮工處想盡辦法也沒真找出問題，但「天下大雨，屋內下小雨」的情況是改善多了，只是牆壁仍會生水漬。

榮工處抓漏之外，也派人更換壁紙，基於安全考量，施作的工人事前並不知道是到總統寓所，工人進進出出，看到書房、臥室、客廳都擺滿蔣經國一家人的照片，一位工人好奇問：「這個家為什麼這麼多總統的照片？」何榮昆說，這是總統的家，這位工人的反應卻是：「怎麼可能？總統住這個地方也太小了，和外面想像的『皇宮』差太多了。」何榮昆指著毛福梅的相片說：「這是總統母親的相片，若不是總統的家，怎麼會放毛太夫人的相片？」不要說工人不可置信，何榮昆說，若非他曾在七海服務，也很難想像第一家庭的生活空間竟是如此侷促，主臥室六、七坪，書房約莫四坪，客廳坪數大一點卻會漏水，餐廳則只可容納十到十二人的一大桌。

七海寓所的儉樸生活與送禮往事

曾在七海警衛組並執行蔣方良安全工作的楊彼德回憶，經常向寓所「送禮」的黨政要員們各有風格，不變的是大多為農特產品，比方前司法院長林洋港常送海鮮，有時會加一隻雞，晚期則改送茶葉；值得一提的是，即使蔣經國過世，阿港伯逢年過節的儀節都維持著，蔣方良住院時，他也不忘送花。另一位省主席邱創煥，曾送過一隻前所未見的大紅蟳，在蔣經國和蔣方良生日時則會送蘭花；有一回，邱創煥送了台灣菸酒公賣局產製的威士忌給警衛組，按照慣例，警衛組不能收禮，於是退回，隔天，代送禮品的省政府參事又拿著酒回來了，轉達表示：「主席（邱創煥）很生氣，說是犒賞你們（警衛組）的，如果你們不收，將來總統犒賞他，他也不收！」警衛組看看事態有點嚴重，就報告組長胡鎮球，胡鎮球再報告侍衛長吳東明，結果這一次「奉准收禮」，也是唯一的特例。

還有金馬澎湖司令官，逢年過節也會送當地土特產到寓所。有一年，陸軍金門防衛指揮部送了幾十條黃魚到寓所，蔣經國開出名單，將黃魚分送副總統以下的院長、部長，不要懷疑，這些來自外島的蘿蔔、大白菜、地瓜，都是產自外島。至於蔣經國的民間友人，也會送土特產，比方六龜山地育幼院的牧師楊煦和牧師娘林鳳英，有一年特別帶來院養的六隻土雞和金桔樹；澎湖的呂九屏（呂酒瓶）還求楊彼德搭飛機送老鼠斑（石斑魚）給總統。土雞一送到寓所，寓所總管阿寶姐就養在寓所靠山處，下了蛋就做蛋炒飯，當然，時候到了也能加菜（雞肉）。阿寶姐一直照顧蔣經國一家人，到二〇〇〇年政黨輪替，她便返回大陸老家，兩年後去世。

搬進七海寓所的蔣經國，因為職務的調整，國政大計時刻壓在肩頭，生活益發簡單；連帶地，夫人蔣方良的日子也更簡單了。警衛官黃富陽記憶裡的蔣方良，甚少出門，他在七海的五年裡，蔣方良就是偶爾打打高爾夫球，打球也是一種踏青，經常九個洞都沒打完。她也曾到林森北路皇家飯店做過一次頭髮；還有一回，是俄羅斯歌劇團來台，在國父紀念館演出，蔣方良曾前往觀賞。那段時間，還聽得到蔣方良爽朗的笑聲。

蔣方良晚年的孤寂生活與深切回憶

蔣經國走後，蔣方良在寓所的日子就不只是「蕭瑟」二字可以形容。曾任蔣方良座車侍衛官的劉載順記得，一九九六年，蔣方良八十歲生日前，蔣孝勇將蔣中正手書送給兒媳「賢良慈孝」燒成瓷盤，並請故宮院長秦孝儀題記，當時的國安局局長殷宗文也想盡點心力，到寓所和蔣徐乃錦（蔣孝文妻）討論，離去前問劉載順「為什麼家裡的沙發和窗簾破損都不修的？」殷宗文表示，會由他張羅經費，並在蔣方良生日前更新家具。蔣方良勉為其難同意，劉載順認為，她不願意更新家具是因為這個空間滿載她的回憶，其實，真正的原因還是因為她和蔣經國一樣，都不是講究物質生活的人。

蔣經國過世後，蔣方良獨自在寓所度過十六年歲月，楊彼德回憶，曾因蔣經國職務調整戒斷的舊友們的夫人，這段時間反而重新聚首，並輪流到寓所陪伴蔣方良，直到她身體有恙、不便打擾才中斷。曾擔任蔣方良駕駛的胡獻堂回憶她的晚年生活，不勝唏噓。

一九九二年，白俄羅斯明斯克市長亞歷山大．吉拉席門柯（Alexander Gerasimenko）訪台，帶著俄國麵包拜訪蔣方良，胡獻堂還開玩笑問夫人：「俄國話忘掉沒有？」蔣方良回他一句：「你會忘記家鄉話嗎？」這一天，應該是蔣方良難得開心的日子。

蔣孝武、蔣孝勇先後過世，蔣方良的日子就更加寂寥，基本上不出門、不見客，總是待在房裡凝視照片。有一回，胡獻堂想把照片移走，怕她總是睹物思人，情緒一直陷入低潮，蔣方良卻說：「我就是要放在這裡，可以每天看到他們。」有時候意興消沉，還會對胡獻堂說：「我一個人活著沒什麼意思，我要跟先生去。」

七海寓所晚年困境，故居的守護與淒涼

寓所就像人，晚境難免也淒涼。蔣經國在世時，七海寓所包括七海潭周邊樹木、圍籬都由陽明山管理局負責，定期會派二十多人修剪整理。不過，蔣中正時代的陽明山「管理局」一路縮編，他過世後兩年，便改為「管理處」，三年之後再改制為「管理所」，並改隸於北市府工務局公園路燈管理處，編制降階，人員也縮編。楊彼德記得，蔣經國過世後，定期來修剪草木的人員只有六、七人，每次來無不叫苦連天，為此，警衛組索性向特勤中心申購採買鐮刀等器具，從上校組長到士官駕駛，不分官階高低、職

務大小，全部投入到砍樹、修樹，必要時則協調仍駐守七海的憲兵支援。

不只修樹，警衛組必須身懷十八般武藝，比方修漏，寓所幾次修整都無法改善，蔣經國過世後，就在屋頂搭建鐵皮以防漏；楊彼德記得當時，連警衛組的營舍也因時日久遠漏起水來，就是由工兵和警衛組的士官長們一起搭建起來的。不僅屋頂會漏水，很難想像的是，連七海潭都會漏水，警衛程顯忠曾告訴楊彼德，七海潭當年是海軍儀隊挖出來的人工湖，連接海軍總部的四海潭，有一回下大雨，一尾大型白錦鯉被大漩渦一捲就消失了，可見漏水量之大，後來是請宏碁工程前來開挖，重新灌一車水泥，才堵住漏水。

最慘的一次是納莉風災（二〇〇一年），寓所後方的駁坎（擋土牆）崩塌，大量土石流灌進廚房、客廳、餐廳，警衛組全體動員，一直清理到凌晨四點才得以喘口氣，但清晨六點土石流又灌入，繼續清理一個多小時，大夥兒才各自返回營區，沒想到，連營區也全面淹水，水高半人，足足三天才退去。

二〇〇四年十二月十五日，蔣方良過世，蔣方智怡特別請當時的國安局局長薛石民協助，給七海寓所一段時間整理復原，包括整理老照片做成史政資料，二〇〇五年六月三十日，七海警衛組正式劃下句點。曾經服務七海寓所五十年的胡獻堂，此時也已經是七十八歲的老人了。

第六章

四十年汗盡血枯，注斯土斯民

一九七五年，蔣經國面臨父親蔣中正的逝世與台灣政治風暴，國際形勢劇變，台灣不再能依賴過去的威權體制，他開始逐步推動政治改革，並將目光鎖定於一個關鍵問題：如何在現實與歷史的夾縫中，為台灣開闢一條新的道路？從推動經濟現代化到啟動政治開放，蔣經國的每一個選擇，都帶著深深的自覺與責任，儘管面臨重重挑戰，卻仍帶領台灣走過了最艱難的時期，他不僅是一位領袖，更是一位深具情懷的政治家，他的政治哲學與治國理念，塑造了台灣歷史，並在他晚年的時光中，為李登輝等新一代鋪設了改革的基礎。

他不是民選總統，卻彷彿每天都在競選。

——《華爾街日報》記者哈特萊（William D. Hartley）

隨行採訪蔣經國（一九七六年）

政府怎麼和老百姓為了一塊錢爭起來？政府怎麼可能和老百姓這麼斤斤計較？

——蔣經國反對油價調漲（一九八六年，根據宋楚瑜訪談）

厚澤豈能忘，四十年汗盡血枯，注斯土斯民始有今日；

遺言猶在耳，億萬人水深火熱，誓一心一德早復中原。

——李登輝輓蔣經國

一個人在政治上守節和堅持原則之難矣，看人要看晚年，語誠不誣。

——一九八〇年，蔣經國出版《難忘的一年——七十歲生日有感》，

節錄於他在一九七五年十二月一日的日記

作為人子，一九七五年，蔣經國不可能忘記，就在這一年的四月五日，他的父親蔣中正離世，儘管他傷心欲絕到一度請辭行政院長，但最終國民黨臨時中全會由總統嚴家淦領銜推舉他為黨（中常會）主席，成為第一位（迄今也是唯一一位）兼任行政院長的黨主席。這一年對蔣經國、對台灣都是煎熬的一年，除了與新加坡總理李光耀簽署「星光計畫」、新加坡軍隊在台訓練及演習，較為振奮之外；從年初到年底，連續和葡萄牙、菲律賓、泰國、西薩摩亞（現稱薩摩亞）四個國家斷交，其中西薩摩亞才建交三年就斷交，而葡萄牙則早在一九七一年在聯合國大會，就「中國代表權」問題已經支持中華人民共和國。選擇在五年之後的七十歲，出版這一年的日記，既是懷親，也是自我惕勵。

五年時間，蔣經國已經從行政院長成為總統，而這五年幾乎沒有一天是輕鬆的。包括兩次石油危機，第一次原油價格從每桶不到三美元，大漲四倍達十二美元；第二次原油價格再從一桶十四美元漲到三十五美元，讓能源仰賴進口的台灣，經濟上遭遇嚴重衝擊。

一九七五年鄧小平起復，一九七六年毛澤東去世、四人幫垮台，蔣經國以國民黨主席身分發表〈告大陸同胞書〉，號召「抗暴革命」：「中國國民黨是不問階級、不分彼此，只講大是大非、全民的民主革命政黨！每一個奮起抗暴的大陸同胞，就都是國民革命的精神黨員！每一個覺醒反共的共黨幹部，就都是國民革命的精神鬥士！每一個起義自救的共軍官兵，就都是國民革命的精神戰友！每一個脫離魔掌、投向自由的共黨駐外人員，就一樣是國民革命的志士仁人！」不過，這一年的蒙特婁奧運，主辦國加拿大政府禁止我國選手以中華民國國旗國號參加，要求改名為「台灣」，溝通無效後，中華代表團宣布退出該屆奧運。十月則發生「王幸男郵包炸彈案」，目標是謝東閔（省主席）、李煥（革命實踐研究院主任）、黃杰（總統府戰略顧問），謝東閔被炸斷一臂，李煥炸傷手指，黃杰則逃過一劫。

一九七七年，甫開年就連續與巴貝多、賴比瑞亞、約旦三國斷交；年底地方縣市長選舉還爆發「中壢事件」，當年選舉也寫下高雄縣、台中市、桃園縣和台南市四席「無黨籍」當選的紀錄。唯一讓蔣經國稍感安慰的，大概是「反共義士」范園焱「投誠」。

一九七八年，蔣經國當選中華民國第六任總統，迎接他的卻是「美中關係正常化」，美國總統卡特在十二月十五日宣布隔年元旦將與中華人民共和國建交，並與中華民國斷交，《中美共同防禦條約》則在隔年底終止。

一九七九年，更是台灣命運轉折的關鍵年，台美斷交，鄧小平發表〈告台灣同胞書〉，提出「和平方式解決台灣問題」，蔣經國則相應提出「不接觸、不談判、不妥協」，同時正式提出「三民主義統一中國」的口號。這一年，年初發生「橋頭事件」，黨外遊行示威聲援並要求釋放被指控為「匪諜」的余登發父子；年底則發生影響台灣政治發展極巨的「美麗島事件」；年中還發生陸軍上尉連長林毅夫（原名林正義）由金門投奔至中華人民共和國的「叛逃事件」，只是當年諱莫如深，直到林毅夫赴美留學後，消息才逐漸傳開。

一九八〇年的台灣，還處在中（台）美斷交的震盪期；二月，哥倫比亞宣布與我斷交；四月，諾魯與我建交，這個位處南太平洋密克羅尼西亞的島國，日後在二〇〇二年、二〇二四年兩次和我國斷交。二月，北迴鐵路通車，七月，南迴鐵路動工；四月，中正紀念堂完工並開放；十二月，新竹科學園區成立。苦樂參半的一年，有成就有失落，成就的是國內建設已初具模樣，失落的則是愈益緊縮的國際空間，用具體數據更能看出巨大落差。一九六九年，蔣經國舉家遷到七海寓所時，中華民國的邦交國多達七十國，這是外交高峰期，當然也拜冷戰孤立中國之賜；十年後，就在蔣經國出版《難忘的一年》這年，邦交國已斷到只剩下二十二國。然而，纏繞蔣經國大半年的或許不是外交，也非經濟建設，而是日益熾熱的民主需求，年初「美麗島事件」在逃的施明德被捕，二月受刑人林義雄家人慘遭滅門，震動全台，三月美麗島大審，四月判決。

「看人要看晚年」的自覺惕勵

一九七五年日記：「看人要看晚年，語誠不誣」，彷彿一種預示，五年後，蔣經國對美麗島事件拍板「不判死」；當然，他不會預期接下來有限的八年餘生，他面對的挑戰更大。台灣經濟勃發的同時，爆發十信案（一九八五年）；「黨外」追求民主益熾的同時，竟在海外發生江南案（一九八四年）；內外皆艱鉅的時節，台灣對外貿易一躍而居世界第十五位（一九八四年），部分國家與中華民國恢復邦交，邦交國緩步推進到二十七國。

蔣經國有意識地拔擢本省菁英，落實本土化；但是否有意識地在晚年推動民主開放？則有不同見解，前總統馬英九認為，蔣經國晚年的民主開放，是基於國際形勢與兩岸關係（北京亦轉向開放），但不論如何，蔣經國發展經濟與推動民主的「革新保台」路線，為他贏得了「晚節」。

而這一切，就從他搬進七海寓所——職務轉變後開始。七海寓所的十九年裡，特別是出任行政院長到總統的十六、七年裡，蔣經國為台灣打下基礎，也為自己的一生功過留下逆轉的伏筆。推動民主是否出於自覺？或許猶是未解之謎，但「看人要看晚年」卻是他極為自覺的自我惕勵。

李登輝：「沒有他政策上的變化，我往後十二年是做不了什麼事的！」

蔣經國有意識地提攜本省菁英、落實國民黨本土化，包括第二任選定的副手李登輝，都是在「催台青」政策下進入內閣。政壇很多人質疑，雖然李登輝是他第二任副總統，但未必是「接班（繼承）人」，這個謎團連李登輝自己都無法解答，畢竟當時沒有人想到蔣經國會在任上猝逝，雖然當時已正式宣布解嚴，但依照《動員戡亂時期臨時條款》，蔣經國可以如蔣中正競選三連任，而屆時會不會繼續擇定李登輝為副手？沒人知道。

曾經跟隨蔣經國、李登輝的前省長宋楚瑜，極為含蓄地說了一個自己的故事，給了一個不是答案的答案。一九九五、一九九六年，第一次總統直選前，台灣政局因為修憲凍省爭議連天，當時李登輝擇定了與他搭檔競選副手的行政院長連戰，李登輝特別和宋楚瑜表示，這個選擇並不意味連戰就是「接班人」，李登輝之言或許意在安撫宋楚瑜，連、宋兩人都還是在公平的競爭基礎之上；相同地，蔣經國選擇李登輝作為他第二任的副手，未必就是「欽定」的接班人。

李登輝以「歷史的偶然」詮釋這一切，因為作為副總統，在體制上就是繼任了蔣經國的遺缺。但是，蔣經國絕非隨機或偶然地選定李登輝，他對李登輝的考察比想像中嚴謹且長久，而他對李登輝的重用，也比外人揣度得更深。

蔣經國與李登輝：特別的師生與政治傳承

李登輝終其一生都以「蔣經國學校」的學生自居，他在二〇〇八年出版的《李登輝總統訪談錄》中說：「大家都講李登輝執政十二年民主改革等，老實講，如果這三年八個月（李登輝第一任的副總統任期）沒有他（蔣經國）在政策上的變化，我後來十二年是做不了什麼事的！」這段描述合乎事實，蔣經國唯一來得及做的，就是一九八七年七月十四日宣布結束長達三十八年的戒嚴，隔日即生效；蔣經國念茲在茲的老兵返鄉探親，一九八八年一月十四日第一批終於成行，而他卻已經看不到他和父親蔣中正帶來的弟兄踏上回家的路，因為，他就在前一天溘然離世。

蔣經國一句話——「依循中華民國憲法產生（中央民代），就代表全中國（中華民國）」，解決了國會在台灣全面改選的「法統」問題；但國會真正完成全面改選，則是在一九九一年國民大會改選和一九九二年立法委員改選，距離蔣經國指示國民黨成立「政治革新委員會」（一九八六）已經五、六年，而蔣經國也已經離世三、四年。就在國會全面改選的一九九一年五月，廢止兩蔣可以終身連任並威權統治的《動員戡亂時期臨時條款》。

為什麼蔣經國對李登輝青眼有加？李登輝自己都不明所以，但從兩件事可以看出在蔣經國心目中，李登輝特殊的位置。第一，李登輝在更早出版的《見證台灣——蔣經國總統與我》（二〇〇四年）中證實，在入閣前，曾被警備總部約談，他認為這是蔣經國預計任用他的準備動作，以澄清一些疑慮。事實上，李登輝不止一次被警總「關心」，早在一九六〇年代就曾被約談；一九七〇年，聯合國開發總署東亞支部邀請李登輝到曼谷主講農業經濟，護照竟遲遲發不下來，等到的又是警總約談，與之同行的王作榮上書蔣經國，「為一難得之本省籍人才，重用之不遑，如何又以限制其出境這種無用手法，製造敵人」，結果上書不到一週，「李登輝出境之事即獲批准」。當時，農復會主委沈宗瀚則以農業專家的身分，將李登輝介紹給蔣經國，當年「只有蔣經國敢用李登輝這樣的人」這句評語，就像贛南時期的蔣經國，在重慶方面的眼中，「若非他是『太子』，早就扣紅了。」

第二件事更特別，蔣經國自己對寓所不講究，定下「不可新建」、「不可購買」、「可租但不可奢華」的三不原則，卻在李登輝就任副總統後，特別為之指定住所。李登輝憶述，他就任副總統後，仍住在原省政府主席官邸（大安路），與市場接壤，李登輝經常信步閒走，與四鄰攤販都相處得很好。有一回，蔣經國特別到李登輝家裡拜訪，看著看著就說房子太窄，副總統住這裡並不適當，指定他搬遷到重慶南路，那裡原是台銀宿舍，本來預定興建美國大使館，與美斷交後，政府收回土地，就被蔣經國交代興建「五院院長官邸」，預留八、九百坪空地；待副總統官邸蓋好，行政院準備加蓋五院院長官邸之際，蔣經國又一句「不需要蓋五院院長官邸」，李登輝解讀，這是蔣經國的細膩之處，避免旁人以為他獨厚李登輝。當然，沒人預想得到，這幢專為李登輝安置的「官邸」，李登輝一直住到總統卸任，之後，也成為歷任總統的官邸。

用人哲學：關心與考察部屬的細膩心思

蔣經國會親往屬下家裡拜訪，既是關心，也是考察——從生活面考察部屬，李登輝在《見證台灣》中透露，蔣經國用人前「會先把他太太查清楚」，因為蔣經國認為，「太太若風評不好，這樣的人當什麼『長』都會出事。」其實，這就是官場的用人術，某種程度屬於基本的身家調查，親眼所見最可靠，倘若部屬住處金碧輝煌、豪奢至極，可想而知，其下場必是「永不錄用」。

事實上，蔣經國拜訪李登輝住家，並非始自副總統，早在李登輝被派任為台北市長時，蔣經國就三天兩頭到他家裡，聊天兼打氣，走訪前也不先通知，有時候李登輝甚至尚未下班，夫人曾文惠在外採買也不在家，蔣經國就自己一個人坐在客廳等李登輝返家。這樣的拜訪持續了約莫三個月，有一天蔣經國說：「大家對你的評價很好哦，沒有問題了。」這才告一段落。不但走訪李登輝台北市住處，一九七九年的某一天，還特別安排在李登輝老家三芝午宴，當天作陪的還有爾後出任央行總裁的梁國樹、司法院長施啟揚；甚至還曾請李登輝陪同視察外島。

就任副總統之後，蔣經國到他辦公室看看，隔天邀他同車前往慈湖，李登輝記述，「感覺很複雜……，因為過去沒有這樣的事……，這事情宣示意義很大，就是在對外表示：『他對我很好』。」此外，也罕見地在七海寓所宴請李登輝夫婦，行政院長俞國華夫婦與總統府祕書長沈昌煥夫婦作陪，李登輝不諱言，他以身體不適為由不喝酒，全程都很緊張。李登輝可能不知道，他的緊張又讓他通過一次考驗，長年追隨蔣經國的前台灣省長宋楚瑜，自追隨蔣經國後同樣滴酒不沾——雖然，蔣經國的酒量非常好。

宋楚瑜：「嚴以律己、恩威並施，大陸都矚目蔣經國的改革之道」

解決問題、開明作風是蔣經國餘年面對不可逆轉的時代潮流，採取的做法是「時代在變，潮流也在變」，難能可貴的是，蔣經國看到了潮流，他順流而上，與自己有限的生命競賽，開啟台灣和他自己的另一種可能。

前省長宋楚瑜是曾跟著蔣經國工作的重要幹部，特別是蔣經國晚年，他是少數能出入寓所的黨政人士——真正的蔣經國祕書。蔣經國基金會招募志工，並請宋楚瑜與志工們講話，宋楚瑜很仔細地整理了「蔣經國先生治國領導的理念」，並在這本二十三頁的小冊子封面，印上蔣經國送給宋楚瑜一幅于右任題寫的字：「計利應計天下利，求名當求萬世名」，這幅字迄今還掛在宋楚瑜辦公室裡。

不僅如此，蔣經國的治國之道，連中國大陸都特別關切，美國學者陶涵（Jay Taylor）出版《蔣經國傳》之後，《人民日報》主辦的《文史參考》（內參材料）於二〇一〇年十一月號，特別以「蔣經國與他的民主政治改革」作為封面故事，除了陶涵等學者專家外，在《人民日報》邀請下，宋楚瑜特別寫下長達六頁的〈貼身隨侍十四年——親歷蔣經國改革之路〉；這篇長文，便是後來《蔣經國祕書報告！》一書的基礎。

宋楚瑜感念的四大治國方略

蔣經國總統圖書館開幕當天，因致詞者眾，未能上台講話的宋楚瑜還是準備了一份稿子，從四個面向敘述蔣經國對台灣的貢獻。

第一，經濟現代化，除了廣為人知的十大建設、籌建半導體產業，更重視就業人口以及中小企業，同時致力於縮短貧富差距。宋楚瑜認為，對岸特別用心的也是這一點，蔣經國建設台灣，對大陸的確有影響。

第二，政治民主化，這也是蔣經國最為人感念的貢獻。從拔擢台籍菁英開始，逐步推動民主化，在堅持中有彈性、彈性中有原則，讓黨禁、報禁、戒嚴、兩岸探親等長達四十年的政治禁忌，得以解除，可以說沒有蔣經國首開先鋒，李登輝時期的「寧靜革命」未必能如此順利。宋楚瑜直言，種種開放舉措，國民黨內的阻力甚至大過黨外，比方和《華盛頓郵報》發行人凱瑟琳．葛蘭姆（Katharine Meyer Graham）的會面，蔣經國本來不想見，還是見了；幾位軍系大老不支持解嚴，蔣經國特別親自拜訪，為了說服某位黨國大老，甚至還親自拜訪了四次，每次到大老家要進門前，蔣經國就會從輪椅上走下來，還不准隨扈攙扶，自己走進客廳，總是「砰！」一聲，跌坐在座椅上，再慢慢說服這位大老。

政治溝通不僅僅對黨內，黨外亦然。宋楚瑜就曾銜命拜訪《自立晚報》創辦人吳三連，表明政府解嚴與開放組黨的誠意，勸說黨外人士放棄街頭抗爭，吳三連覆信，「捨街頭循法制常軌，願盡棉薄之力」；一九八八年，組黨後的民進黨抗議政府制定《國家安全法》，陳水扁發動四一九包圍總統府，宋楚瑜又銜命溝通，先找了時任國民黨中央政策副祕書長的梁肅戎（後來任立法院長）和陳水扁的台大老師、時任大法官的蘇俊雄，一起前往民生東路的陳水扁家中溝通。對「黨外」，蔣經國的包容心比想像更大，例如一九七七年的地方公職選舉，許信良脫黨參選桃園縣長，爆發火燒警車的「中壢事件」，但許信良勝選後，蔣經國不止一次親訪他，視察桃園地方建設也讓許信良同行；立委康寧祥和邱連輝，也是蔣經國在行政院長任內常走訪的對象。

蔣經國曾奉蔣中正之命，以政務委員、國防部長、行政院副院長身分數度訪美，見過艾森豪、甘迺迪、詹森、尼克森四位美國總統，並和數位國防部長深入討論，希望美方助我一臂之力，在中國大陸建立一個前進基地，策動西南五省響應。甘迺迪總統時期的國防部長勞勃·麥納馬拉（Robert McNamara）覆信，大意是：第一，你們（台灣）不要美國兵力支援，只要空中掩護，但美方評估是，即使如此都不能排除美方和大陸可能直接交火，但美國並不準備和大陸發生軍事衝突（當時美國正陷於越戰泥沼）；第二，看不出西南五省民心思變，會支持中華民國政府。簡單講：美國不支持中華民國反攻大陸！

當時還有個插曲，一九七六年八月二十九日，《華盛頓郵報》以頭版刊出美國獲得情報顯示，台灣可能正在祕密處理可用於製造核彈的鈾原料；我駐美大使館雖然否認，但美國武器管制暨裁軍總署決定，擱置我方向美國申購的兩套核能設備。若美國不供應核燃料，勢必影響電力需求，蔣經國遂決定由外交部長沈昌煥陪同，約見大使安克志（Leonard S. Unger）和大使館副館長彭博（Paul M. Popple），宋楚瑜負責傳譯與記錄。蔣經國說：「吾人不製造核子武器，首先是基於政治上之考量，吾人不願意製造核子武器，乃不願用核子武器在戰場上殺害自己中國同胞。……吾人明瞭美方防阻核武繁衍之政策，而保持與美國友好關係為我政府一貫政策。因此，個人曾向安克志大使保證我政府不製造核武的決心，我政府及我個人從來言而有信，絕無失信於朋友之紀錄。」宋楚瑜認為，蔣經國思維非常清楚，兩岸關係不是「兩國關係」，對岸不是只有共產黨，還有廣大血緣相同的同胞，所以「核武不必做也不會做，做了也不能用」，而這也顯示，蔣經國的治國方略已經改變。

治國哲學：廉能、平民作風與自律精神

第三，行政廉能化，蔣經國主政特別奉行「言教、身教」，對「廉」字非常重視，但是在經濟發展後，首先也為軍公教加薪，包括子女教育補助費。「廉」字不僅僅是不貪汙，而是阻絕誘惑。宋楚瑜說，蔣經國清廉自持，律己、律下皆嚴，例如接任行政院長前就和好友王新衡說：「我推動公務員十誡，其中一項就是不交際應酬，我要以身作則。」宋楚瑜擔任祕書三年後，發表兼任新聞局副局長，任務發表後，宋楚瑜進辦公室跟蔣經國說：「報告院長，謝謝院長栽培，讓我有機會到新聞局歷練，以後難免和外界有些接觸、應酬……」，蔣經國淡淡回一句：「新聞局不是有兩位副局長嗎？」宋楚瑜一聽就明白了，還是不能應酬。

蔣經國「律下」極為「警覺」，在日記裡就曾寫下：「『狐假虎威』的人極為可惡，對於身邊的人，應特別注意他們的言行（侍衛人員、傭人、幕僚……）」，曾經有位仁兄到處跟人說他是蔣經國的祕書，結果到差幾天就被調離職務。蔣經國還曾寫下如此文字以警醒——「我的地位愈高，被部屬矇騙的機會愈大，此有關事業之成敗，不可不謹慎將事，對於吹牛拍馬之徒應遠離之。」事實上，不論是「贛南舊部」或「幹校嫡系」，都在「避嫌」的考量下，皆未占據高位。

第四，作風平民化，不是只有穿夾克、吃梅花餐、取消開道前導車等，而是不講排場，特別重視勞農漁工低收入生活的改善，蔣經國是由衷喜歡與民同樂，這在侍從口述紀錄中隨處可見。比方，他總喜歡在路邊攤吃小吃、和民眾聊天，最討厭警衛隔開他與群眾的接觸，侍衛古興安回憶，某次到鹿谷視察，與一群女學生錯身而過，女學生興奮地說：「剛才那是蔣經國耶！」一位女學生說：「不可以這樣叫！」她們趕緊改口，「對不起，要叫蔣院長」，蔣經國笑笑說：「不要緊張，你們沒有叫錯，我的名字就叫蔣經國。」

兼聽則明：「政府怎麼和老百姓為了一塊錢爭起來？」

細數蔣經國往事，宋楚瑜如數家珍，他搬出成箱的資料和舊檔案，笑意盎然地翻閱紀錄，蔣經國見客的時間、地點與內容大要，甚至宴客的菜單都鉅細靡遺，哪些菜要留、哪些菜要刪，蔣經國無不親自圈點確認，「這是他待人接物的慎重。」

翻開蔣經國的會客紀錄——其實常常就是一紙便條。立法院開議前，一定會個別會見或拜訪立委；每週一定會排出時間約見學者，通常將優秀學者的名單列寫給他，名單上紅圈圈出來的名字，都是蔣經國親自圈出要見的人，諸如孫震、于宗先、李登輝都是。院長辦公室在三樓，蔣經國先會見學界前輩如錢穆、方東美等，都安排在行政院一樓會客室，不讓他們爬樓梯；戰爭學院將官班也是個別約見；駐外大使返國，一定要安排會見，名單開上來，若已見過的就會批上「已見」。外國使節見不見呢？文件顯示，外交部長沈昌煥請示，蔣經國四個字批覆「個別約見」；還有一份文件，交代的是早餐接待中山獎學金的學生，並要教育部長蔣彥士和國民黨祕書長張寶樹作陪，對黨國著意培養的年輕人，蔣經國格外重視，自他之後，大概再也沒有哪位院長、總統會對年輕學子這麼重視。

民生關懷：從聆聽民意到謹慎調整政策

蔣經國喜歡下鄉，聆聽民意不假外求，宋楚瑜認為這是他獨到的「兼聽之術」。記得有一年，《華爾街時報》記者來訪，記者直率地問：「為什麼他好像每天都在競選（下鄉）？」因此想隨行採訪。蔣經國帶著宋楚瑜一起到南投，民眾反映肥料問題，宋楚瑜翻譯時告訴記者，蔣經國不會當場指示，一定待回去再和幕僚商量後才決定政策如何調整，這也是宋楚瑜第一次走進中興新村。

一九七〇年代原油上漲，政府採取緊盯國際油價的方式，同步調整國內油價，當時的想法不是順應市場，而是「以價制量」。迄一九八五至一九八六年間，國際油價下跌，行政院也宣布油價每公升降一元，不過，輿論反映應該調降兩元，宋楚瑜記得那是一九八六年的四月二十六日，蔣經國把他找進辦公室，沉默一分鐘後發了一陣牢騷：「政府怎麼和老百姓為了一塊錢爭起來？政府怎麼可能和老百姓這麼斤斤計較？」還好後來油價總算順應民意調降兩元，消息發布後第二天，各大報對政府從善如流調整政策都有正面肯定。

蔣經國重視民生物價，不僅僅是油價，比方油價可以隨國際原油價格波動，但漁業用油和農業用電不能隨便漲；洋菸酒可以漲多一點，但基層低收入民眾喜歡的「新樂園」和家用米酒不讓漲，蔣經國在手記裡曾寫下這麼一段話：「菸酒漲價不宜，影響人心，事前未多做考量，我又上了一次當，後悔不及。今後對於幕僚之意見，應特別注意是否別有用意。」他還寫過：「高速公路通車費自七月一日起增加一倍，外交部護照亦增加一倍，這都是可以避免的。乃是由於各單位主管一本本位主義，而不知顧大體而有致之也（此必影響物價）。大小諸事只要自己一不留心，就會出事。我心苦矣。」一句「我心苦矣」正凸顯蔣經國對民生用度的敏感和謹慎。

心心念念在人民

宋楚瑜說，自己一生有兩位老師，一位是父親宋達，另一位就是蔣經國。回憶最後一次與蔣經國談話，是在國民大會行憲四十週年紀念大會、民進黨抗議事件之後約莫兩個多星期，一九八八年一月十一日，總統府祕書室主任王家驊來電：「總統有請」。上午十點多，宋楚瑜在寓所見到蔣經國，蔣經國開口就說：「好久不見了，都好吧？」閒聊半個多小時，最後說：「最近好累，想休息一下；如果有什麼事，幫我好好看住，隨時來向我報告。」蔣經國留給宋楚瑜的最後幾句話，也留給宋楚瑜最深刻的懷念。

「蔣經國學校」培養人才無數，但真能傳承蔣經國「心心念念在人民」者幾希。透過民間友人，蔣經國深入了解基層；他重用部屬，卻絕不容狐假虎威的親信；他對政府政策有想法，卻甚少直接干預，而是透過政府體制運作程序，做成決策或調整決策。最重要的，蔣經國一生唯公，只有國家與人民，這正是他能成為人們心中最感念的總統之關鍵。

第七章

一生功過寄寓知，圖書館寫下一頁台灣來時路

自二〇〇五年起，蔣經國基金會便開始著手整理故居文物，並逐步規劃建設蔣經國圖書館，當計畫啟動時，這座寓所的意義被賦予了全新的使命——不僅要保存過去，更要向未來傳遞隱藏在硝煙背後的歷史。從最初的文物清點與保護，到後來的建設與籌資，在各界支持下，逐步打下堅實基礎。其後隨著北市府的推動，圖書館的計畫正式啟動，並在接下來的幾年中，進行了包括園區規劃、資金籌集，以及專業團隊組建等一系列艱鉅的任務。這段歷史的發展，見證了政府與民間力量的合作，也反映出台灣對於過去歷史記憶的重視與珍惜。

日前為元宵節，兒媳皆外出，我夫妻二人談家務以及兒輩之處境與前程，頗多煩惱之意，談話之後，同上小山坡散步，紅白杜鵑與茶花正在盛開中，知春之至矣，身心稍得舒暢片刻。

——《蔣經國日記》一九七〇年二月二十二日

晚近黃昏，獨坐水池之旁，觀日落西沉，半天晚霞紅，群鳥飛返巢，一天又過去了，涼風吹身，已有秋意。

——《蔣經國日記》一九七〇年九月五日

後方的山坡上養了四隻鹿，有時候這些動物會走到門口來「散步」，
偶見之餘，頗有明暢之感，
凡是對於萬物常發慈悲的心念，就不會做那些殘忍刻薄的事情了，
人的內心有相愛之心，對外就有生生的機用，
如果人沒有這生生的機用，則世間一切不過是土木一類的形骸，
人亦不過是徒具形體的土人木偶而已。

——《蔣經國日記》一九七二年三月二十七日

七海山坡上的各種鳥兒一天比一天多，
有時獨坐靜聽鳥鳴之聲音，乃是憂傷中所能得到的片刻愉快。

——《蔣經國日記》一九七九年二月二十七日

七海寓所是蔣經國在台灣關鍵二十年的居所，他在日記裡以「寄寓」稱之，在他的內心裡最遺憾的，大概就是有生之年無法完成父親的願望——「反攻大陸」，回到老家。因為是「寄寓」，蔣經國一切從簡，除了他遷居前較大幅度的整修，他拒絕更多裝修，即使房頂漏水，警衛室都得背著他、抓緊在他出差的短短時間內完成修繕；至於海軍整修寓所前的七海潭，他不止一次在日記裡抱怨，認為這是用人民的錢做些不急之務；硬體亦如此，即使「看電視」幾乎是他晚年唯一的休閒，但因為蔣方良換了一台新電視，他難得和老婆發脾氣，事後又懊惱不已。

蔣經國輕簡自持，蔣方良也不重視物質排場，蔣經國離世後，她寡居十六年，幾乎不讓動一草一木、一桌一椅，官方照顧減少，她也不多言。直到蔣方良走後，蔣經國基金會才接到任務「協助故居文物整理」，從一開始就注定這個任務的艱鉅，更沒想到的是，從「整理故居文物」會發展成「籌劃蔣經國總統圖書館」。下述的基金會年報中，點點滴滴記錄了將近二十年的「工程」——從建物到史料。

二〇〇五年，協助經國先生文物整理事宜

「蔣方良女士逝世後，有單位與基金會洽談，希望基金會能協助經國先生故居文物

之整理，朱執行長（雲漢）兩度出席協調會議。有鑑於經國先生對中國近代史發展之重要性，特邀請中央研究院近史所張玉法教授、陳永發教授、張力教授、楊翠華教授、政大歷史系劉維開教授，及東海通識教育中心呂芳上教授等人，組成七海官邸文物學術諮詢小組，以便未來需要時，協助經國先生遺物之鑑識工作與文物之整理。」

這一年，是一切的開始，如果市長不是馬英九，故居文物整理不會這麼早開始。中研院研究人員隨即進駐寓所，開始整理並逐一列冊，比較重要的是，列出清冊後還要和家屬商議，哪些可作為未來展示的文物，哪些該歸還給家屬，關鍵人物是和蔣經國相處時間最多、感情最深篤的長孫女蔣友梅。而在蔣經國生前，《蔣中正日記》就已經在寓所開始整理抄錄，晚年則由蔣孝勇協助，這也才會有後來兩蔣日記由蔣孝勇遺孀蔣方智怡移到海外，存放於美國史丹福大學胡佛研究所，主因係政黨輪替、政治氛圍使然。直到三次政黨輪替，國史館經由司法程序，兩蔣日記才在二〇二三年回返國門。而兩蔣日記在海外的二十多年，在漢學界掀起一波兩蔣研究熱潮，包括重探抗戰史，以及兩蔣歷史定位的再研究。

二〇〇八年，籌劃蔣經國總統圖書館

「台北市政府這一年來正積極規劃『七海寓所古蹟再利用方案』，擬將蔣經國先生故居及周邊空地規劃為蔣經國故居紀念園區，並興建『蔣經國總統圖書館』，同時促請基金會考慮參與圖書館之興建與營運，李董事長（亦園）及朱執行長分別拜訪各位董事徵詢意見，並與中央研究院近史所，國內學界有關專家、教育部，以及政府有關方面會商，各方普遍認為此一計畫具有重要之史料保存與學術研究意義，對於蒐集、保存、整理與利用分散海內外各地的相關文獻檔案有事半功倍之效，對於推動有關中華民國現代化以及台灣發展經驗之研究，將可產生助力。中央研究院近史所並表示願意與本會合作推動此案。第七屆董事會第四次會議推舉毛董事高文、許董事倬雲、徐董事旭東、張董事忠謀、錢董事復、劉董事翠溶，及李董事長亦園和朱執行長雲漢，組成蔣經國總統圖書館籌劃小組，並由毛董事高文及錢董事復共同擔任召集人。北市府及籌劃小組均認為較理想之合作模式是由市政府無償提供建築基地，基金會負責圖書館之籌資設計、興建與營運。目前仍需等待立法院通過相關法規，才能做進一步規劃。」

這筆紀錄留下七海園區發軔的關鍵時點，距離敲定協助文物整理，已經三年過去，計畫會從「寓所文物整理」到「興建蔣經國總統圖書館」，若無「天時」與「人和」，幾乎沒有任何成功的可能性。這一年，馬英九已經從台北市長當選為中華民國總統，而郝龍斌則繼任市長，所以從中央到地方，對計畫「擴大」可謂一拍即合，完全沒有歧異，唯一要考量的，一是法規，二是資金，對基金會而言，後者的難度可能更大。圖書館全由民間資金支應，不要政府挹注任何資金，此決定增加了籌建的難度，卻大幅降低政治爭議，也才能在十四年後順利落成。

二〇〇九年，聘任「蔣經國總統圖書館籌劃小組」執行祕書

「基金會自二〇一〇年起聘請楊翠華教授兼任『蔣經國總統圖書館籌劃小組』執行祕書，楊教授為中央研究院近史所研究員，曾任中央研究院胡適紀念館主任、中央研究院近史所圖書館主任，具有完整之專業資歷。楊教授接聘後，基金會同步開展多項籌備工作，包括委託中研院近史所張力進行之『蔣經國先生大事長編』編纂計畫，接洽中國國民黨黨史館合作進行數位典藏，將該館典藏有關經國先生相片（約四萬餘至五萬張），以數位化複製備份，並編列檢索系統。此外，本會並於四月份正式委託台灣大學建築與城鄉研究所附設『財團法人台灣建築與城鄉研究發展基金』，進行『七海文化園區』調查與規劃，並

就本會參與七海文化園區案之可行途徑提供專業評估與建議。」

中研院近史所團隊，包括張玉法、陳永發、黃克武、張力、楊翠華、呂芳上等，前後協助蔣經國總統圖書館的籌劃工作，有關文物整理工作順利開展，讓圖書館甫落成，就已經有相當可觀的材料積累。遺憾的是，圖書館落成之際，楊翠華已經臥病，未幾離世，沒能看到她栽下的樹苗已經長成大樹。

二〇一〇年「蔣經國總統圖書館」籌劃進度

「中研院近史所團隊協助本會推動各項籌劃事宜，目前工作進度如下：

一、圖書館內容建構：①經國先生大事長編，主要工作在參照國史館檔案、行政院文建會『國家文化資料庫』及《隨扈日記》等，並校核、增補執行中之『一九四八至一九八八年經國先生大事長編』史料內容影像資料。②史料徵集，包括借閱趙聚鈺先生與經國先生相關文件、照片及字畫共十五件，並完成數位掃描作業，借閱『郝柏村先生備忘錄手稿』（特藏，蔣經國先生交辦事項）共十四冊，亦完成掃描作業，掃描頁數計二千四百八十頁。③影像資料，『蔣經國先生史料老照片資料庫』（中國國民黨黨史館），及『蔣方良影像資料庫』（七海寓所），進行兩者內容整理、辨識校正作業，同時補充『一九四八至一九八八年經國先生大事長編』之附屬影像資料。

二、七海故居：①字畫修護與複製，陸續完成修護字畫計二十件，並複製其中十四件。複製品陳列於原懸掛空間，原件暫時收藏於寓所一樓大房。②織品分類與維護，服飾織品占故居文物之大宗，暫依其功能及材質，分區整理、分類，並選擇性維護，重要者以無酸材料隔離、保護、包裝並儲藏。③輔助北市府文化局屋頂翻修工程之室內防護作業，三月二十七日北市府進行寓所翻修屋頂防水膠鋪設工程時，由於施工單位之疏忽，未針對未完工且已掀開鐵皮之區域進行鋪設防水維護作業，導致夜間雨水積滿屋頂，並滲入屋內，造成多處漏水，致使寓所文物嚴重受潮。所幸楊教授助理在北市府進行工程前，事先於寓所家具及文物外鋪設無酸性保護及透明塑膠薄墊，使得臥房寢具和家具等文物受損程度減輕。文化局、建築師事務所、承包商及基金會同仁緊急至寓所檢視並商議補救措施，包括清空受潮區域之家具及文物，以氣泡布包裹陶瓷花瓶，挪移文物存放空間，並陸續以無酸器材，做進一步之文物維護工作。我們同時建議文化局與工程等單位，在工程未確實驗收之前（特別是梅雨季節），切勿撤除維護措施，並加強寓所文物之保護。」

這一年的紀錄，已經可以看到圖書館的「館藏」基礎，數位掃描是技術活，辨識校正則是知識活，沒有一定的歷史研究功力，是不可能逐一辨認老照片的人物，甚至時代。最驚險的還是「寓所漏水遭難記」，若非文物整理小組的事前基礎防護，難以想像那場雨會毀掉多少文物，而這也提醒基金會，往後對文物格外注意維護。

這一年還有一筆重要紀錄，與「中華信望愛基金會」簽署合作備忘錄，此時基金會董事長已由毛高文接任，圖書館籌劃小組的諮詢委員們赴七海園區現場勘查，聽取基金會對園區規劃方向的簡報，並以此推舉適合的建築師，當時的建築師建議名單包括：大元聯合的姚仁喜、潘冀聯合的潘冀，以及九典聯合的張清華，初步決定以潘冀建築師事務所為正選。

與「中華信望愛基金會」合作，是確定圖書館不要政府資金、以全民間資金爭取BOT的重要一步，至於建築工程的規劃與施作難度，使得建築師不斷替換，則是當時始料未及的，而每一筆紀錄都留下了圖書館在困難中前行的步履。

二〇一一年，七海園區及蔣經國總統圖書館籌劃進度

「一、圖書館內容建構：①『蔣經國先生大事長編』計畫，本會於九十九年起委託

中央研究院近代史研究所（注：張力教授負責）執行『蔣經國先生大事長編』編纂計畫，二〇一一至二〇一二年主要工作在參照國史館檔案中之『蔣中正檔案：籌筆（一九二三至一九七二年）、家書（一九二六至一九六九年）、文物圖書（一九二六至一九四八年）、特交檔案（一九二五至一九五八年）』，『蔣經國檔案：行事紀（一九五四至一九五八年；一九七七年）、記事日曆（一九六四至一九七七年；一九八四至一九八七年）、大事日記略稿（一九七二至一九八七年）、照片（一九四四至一九八八年）』等，逐筆比對查核，校正已建置之大事長編。②口述訪問與資料徵集，訪談秦無忝先生（秦孝儀先生公子），探詢秦孝儀先生留稿。

二、七海故居：①織品整理，文獻考證，確認整理出蔣經國先生織品服飾（一百四十五筆），及蔣方良女士織品服飾（一百七十一筆），現陸續拍照存檔及無酸材料隔離、保護、包裝等處理工作。②庫房修繕工程，二〇一一年底完成庫房修繕工程，經文化局驗收並重新安裝庫房安全系統後，本會補助庫房內架設檔案設備，設定庫房恆溫恆濕機制等系統，二〇一二年二月將暫置主屋和車庫的文物搬回庫房，除了第一間房為文物維護站之外，依其文物性質分別存放於書畫室、織品室、器物一室、器物二室等四間儲藏室，同時整理庫房邊防空洞及侍衛室內部空間雜物。

三、七海文化園區籌備規劃：有關七海文化園區相關事宜，本會經多次協調連繫，促成台北市政府積極啟動七海園區都市計畫變更程序，並於二〇一二年三月八日在台北市政府都發局公開展覽『變更台北市經國七海文化園區暨周邊地區主要計畫案』（以下節略）。台北市政府於二〇一二年六月初進行有關七海文化園區民間自提ＢＯＴ政策公告。……」

經過幾年努力，文物整理已有初步成績，而園區和圖書館的ＢＯＴ重頭戲才開始，七海寓所早在二〇〇六年七月被公告為台北市定古蹟，但直到這一刻，蔣經國當年生活休憩的活動空間才納入古蹟指定範圍，包括他常於七海潭靜坐沉思，園區初步規劃遂包括了古蹟活化的故居、七海潭生態休憩區，並在園區興建圖書館和附屬服務空間。更重要的，經此一「劃」，園區計畫的面積就擴大為三點九八公頃，除了計畫變更為風景區之外，海軍司令部大直營區入口Ｔ字形道路等周邊地區土地，亦納入變更為行政區，以利海軍司令部營區管用合一。民間自提ＢＯＴ既經公告，基金會與市政府漫長的交涉才正式開始。

而接下來的基金會年報，七海園區和圖書館的紀錄也愈見詳盡，每年都以六到十頁的篇幅說明園區的進度，可謂鉅細靡遺，反映的是基金會對這個ＢＯＴ案的用心細膩，以及對董事們的負責。

二〇一二年，七海園區及蔣經國總統圖書館籌劃進度

「自二〇一三年一月起，本會將籌劃小組改為籌備處，聘請前台灣大學圖書館副館長林光美女士擔任主任，協助與蔣經國總統圖書館相關事務。」

這一年的進度有四大項：

一、申請參與北市府「經國七海文化園區ＯＴ暨ＢＯＴ案」；北市府於二〇一二年六月公告民間自提ＢＯＴ後，蔣經國基金會就在七月配合「中華信望愛基金會」提交規劃構想書；十月參與北市府舉辦的審核會議，經北市府初步審核評定為「合格最優勝廠商」；十月三十一日出席台北市文化局舉辦的協商會議，與軍方和北市府相關局處共同研商都市計畫變更；十一月一日北市府發函告知初步審核結果。接下來的一年就是密集提供資料、密集開會，都市計畫變更案在二〇一三年六月底送內政部都委會完成審議；北市府並將在二〇一四年公開徵求其他民間投資人，與中華信望愛基金會一同評選，最後獲選者才能取得議約簽約權利。

二、蔣經國總統圖書館興建基金募款啟動。由毛高文、錢復和朱雲漢初步商議，以捐款五億元為目標，邀請三十到四十位海內外蔣經國之友、企業界領袖與社會熱心人士擔任籌建委員，捐款用於興建圖書館和陳列廳，基金會對捐款人士的承諾包括：①基金會未來每年編列兩千萬預算，維持圖書館正常營運及維護七海故居。②捐款人或機構將正式列名蔣經國總統圖書館籌建委員，並於落成時於圖書館捐贈牆上留名致謝。十年後，承諾兌現，而捐款金額也翻倍為十億。

三、蔣經國總統圖書館的館藏建構。①「蔣經國先生大事長編」初稿完成，約三萬字；同時與「國家電影資料館」合作，彙整該館有關經國先生的影音資料，著錄清冊，並透過數位媒體和網路平台匯流，提供圖書館作為雲端策展、虛擬展覽、數位互動之用。②「蔣經國總統侍從人員訪問計畫」，朱雲漢為此特別多次邀請當年蔣經國侍衛長吳東明、周仲南、邱奕和、胡鎮球等將軍，以及總統府祕書室主任王家驊、中研院近史所所長黃克武和該所口述史小組成員溝通討論，並研訂口述計畫的細節，基金會在二〇一三年一月與中研院近史所簽訂合約書。口述歷史整整進行三年，訪問成員包括侍衛長、祕書、侍從武官、警衛官、安全參謀官、副官、醫官、護理人員等計約二十八位，這就是在二〇一六年由中研院近史所出版的《蔣經國先生侍從與僚屬訪問紀錄》上下兩巨冊。③朱雲漢拜會國民黨黨史館，並與該館簽訂「蔣經國先生相關之檔案文獻整理計畫」合作協議書，基金會聘請專職研究助理進駐黨史館整理文獻資料，包括四萬多張蔣經國相關的照片底片，清點並建置目錄和數位掃描，完成的數位影像和目錄，皆可無償、無限期提供學者使用。④「蔣經國先生影像數位照片辨識會議」，基金會特別邀請蔣經國專屬攝影侍從官高稚偉，先後協助大事長編的工作小組和黨史館，進行辨識和掃描數位照片，二〇一三年並安排高稚偉赴七海寓所，指導、協助解析照片，照片年代橫跨一九二五至一九九二年，並從中挑選出一千零二十八張代表照片。⑤基金會召集兩次專家學者會議，除了解美國與漢學研究相關的圖書館資源數位化之概況外，也深入討論蔣經國總統圖書館的「漢學數位圖書館」功能，以及未來設立「國際漢學講堂」開放課程的可能性。

四、協助維護七海故居文物。二〇一二年十一月起開始進行器物書畫部分的整理，共計有二千七百六十六筆，依照典藏研究與展示價值，優先處理外交禮品、篆刻及書房用品，從除塵到拍攝保存，書畫類則進行修護、複製；藏書五百三十四筆（七百三十冊），進行清潔、分類、登錄之外，書中附件、簽名、印章、題記和批注，也拍照歸檔，首先完成的是俄文藏書。

二〇一三年，七海園區及蔣經國總統圖書館籌劃進度

「經過兩年多的努力，基金會與中華信望愛基金會終於在二〇一四年四月十一日正式與北市府完成『經國七海文化園區OT暨BOT』之簽約手續；並於五月二十日順利進行七海園區第一次土地點交。」

一、與北市府完成簽約手續。基金會能正式取得「合格最優勝廠商」，看似理所當然，畢竟「蔣經國基金會」全台獨此一家，別無分號，而確實亦無其他民間投資人遞件，但基金會在過程中，來來回回與北市府磋商，有關投資契約（草案）要點就協商八次，並反覆優化投資計畫。與北市府簽約後，基於未來文化園區的蔣經國總統圖書館和附屬建物，必然成為各方矚目焦點，相信會是台北市的人文新地標，加上北市府要求園區能達到鑽石級綠建築的要求，基金會和中華信望愛基金會再次討論，決定重組建築師團隊，「邀請享譽國際的倫敦『建築文化事務所』符傳禎建築師擔綱」，這是一個重要轉折，符傳禎的設計終於成為蔣經國總統圖書館的「定版」。此刻，基金會和北市府規劃的興建時程，「擬於二〇一五年六月開工，二〇一七年四月園區啟用，七海寓所與遊客中心開放，二〇一七年十月蔣經國總統圖書館與國際交流會館開幕。」這個時程，最

後足足拖了五年。

二、與中華信望愛基金會簽訂合作協議書。二〇一〇年，基金會和中華信望愛基金會簽訂合作備忘錄後，中間同樣反覆進行協議的細部討論，最後的合作協議書經基金會董事會審核通過，並報北市府核備後，到二〇一四年四月七日才正式完成簽約手續。

三、蔣經國總統圖書館募款計畫。經過一年多的努力，募款原定五億目標，已經達到七成，根據年報紀錄，確定捐助的名單包括：張忠謀（台積電）、張榮發（長榮）、嚴凱泰（裕隆）、王文淵與王瑞華（台塑）、孫大衛（美商金士頓）、胡定吾（華生）、辜嚴倬雲（婦聯會）、郭台銘（鴻海）、吳東亮（台新金）、韓效忠（喜瑪拉雅）及徐旭東（遠東）。錢復在朱雲漢陪同下，還拜會台達電創辦人鄭崇華與海英俊，允諾捐助綠建築相關產品和陳列廳多媒體展示設備等。拜會企業成為朱雲漢這一年的重點工作，包括中信集團薛香川、富邦金控蔡明忠、國際文教基金會劉介宙等；承諾金額已達三億四千萬元，迄八月底實際入帳金額則為兩億七千六百萬。當然，這個時候，基金會不會想到建築經費還遠遠不夠，而募款波折也比他們想像的更複雜。

四、蔣經國總統圖書館館藏建構。除了持續進行「大事長編」、侍從口述歷史、影像庫建置等，還包含「漢學網路電子資源調查、蒐集與整合檢索系統建置計畫」，這一年最重要的，就是決定與中研院近史所籌劃《蔣中正日記》的出版，以利未來學者專家的研究，並為建置「蔣中正資料庫」做準備。不過，原定二〇一四年出版的《蔣經國先生侍從與僚屬訪問紀錄》遲了兩年至二〇一六年才正式出版；而《蔣中正日記》雖先期印刷一冊，但因日記的官司爭議，未能如願在台出版，直到二〇二三年兩蔣日記回台，才由國史館和民間歷史文化學社聯名出版第一批七冊（一九四八至一九五四年）蔣中正行憲後第一任總統任期的日記。

五、七海寓所故居文物維護及寓所建物修復工程。除了原有文物持續清理修復外，寓所內有關紙質、照片等文物都完成數位化掃描，並經過無酸處理完成四十四箱文物封箱，並新增四十八箱無編號文物。更重要的進展，則是寓所修復工程終於在六月底竣工，並在八月舉行竣工典禮，修復寓所不只是營造商的事，基金會持續拍攝施工狀況，並出席每週二的工務會議，協調之外也根據施工情況，隨時提出修改或增列修復的項目。竣工後，還花了一週時間進行「文物復位」，「寓所內部可視範圍全數復原，包含開放式櫃架上、桌面及檯面上的擺飾、照片、書籍等，抽屜、衣櫥內的文物則另存於庫房，未來依展示需求存放代表性文物。」經過這番努力，爾後開放參觀的寓所，基本上已經回復到蔣經國生前的原貌。

六、經國七海文化園區動土典禮。也就是在寓所修復竣工的這一年，北市府邀請蔣經國基金會和中華信望愛基金會，同步舉行七海園區動土典禮，正式對外揭示七海園區建設藍圖和圖書館未來的營運構想，總統馬英九、副總統吳敦義、市長郝龍斌、蔣家家屬代表，建築師、海軍司令部和國安特勤相關人員，及各界貴賓出席活動。圖書館的第一抔土，就此開挖。

二〇一四年，七海園區及蔣經國總統圖書館籌劃進度

在北市府、基金會和中華信望愛基金會三方各自簽訂合作協議後，就進入極其漫長且繁瑣的「履約管理」階段，包括不斷開協調會、和建築師團隊反覆商議、現場勘查。光是「投資計畫書」，一次修訂版不夠，還提交了二次修訂版，因為工程涉及古蹟修復，細節就更講究，水、電、電信、消防、雨汙水五大管線、安全結構……無一不要北市府核准，連「寓所車庫再利用」都要提出計畫。

符傳禎除了回台北與其他建築師、顧問開會外，返回倫敦後亦多次視訊會議討論綠建築與景觀設計；九月底，朱雲漢和符傳禎還特別跑一趟北京，參觀洪雅竹元科技公司，了解新型環保建材竹鋼素材可運用的範圍，以期對未來的圖書館建材有更多選擇。這一

年，朱雲漢藉由出席國際會議的空檔，特別找時間參觀了雷根總統圖書館、詹森總統圖書館、柏林國家圖書館、羅斯福總統圖書館，而副執行長陳純一與主任祕書宋翠英也分別參訪了華盛頓總統圖書館、美國國家檔案館、尼克森總統圖書館、美國國會圖書館、胡佛檔案館等；朱雲漢、陳純一與建築師，還特別參訪台達電，實際了解綠建築的運用模式，「取經」占了他們大半的時間和心力。主體建築之外，還包括周邊環境如七海潭和海總的四海潭都要會勘（兩潭相通），以規劃水保工作，景觀團隊還要測量園區的樹木和樹籍資料，好提出「樹木保護計畫」。

這一年的改變或進展有幾件：第一，「目前規劃七海園區興建時程，擬於二〇一六年開始施工，二〇一八年一月開放七海寓所、四月啟用園區與遊客中心，圖書館和陳列廳則於十月開幕。」這個規劃已較前一年動工典禮時的規劃延後了一年，因為事情多而複雜。這一年，基金會董事宋楚瑜還安排朱雲漢、陳純一拜會副市長鄧家基，這個安排正是因應台北市長選舉結束，希望無黨籍市長柯文哲能延續並協助興建計畫，鄧家基允諾新市府會支持這個公益導向的BOT案。第二，圖書館募款計畫的實際入帳捐款達三億兩千七百萬元，較上一年，又增加了五千一百萬的捐款。

故居文物整理維護與史料檔案整理計畫持續進行，侍從人員口述歷史訪問人數從二十八人增加到三十二人，和國民黨黨史館的合作則整理了「張群檔案」、「俞國華檔案」和第八屆（一九五七至一九六三年）、第九屆（一九六三至一九六八年）中央委員會會議紀錄。比較特別的是開始「美國檔案館之蔣總統經國先生資料蒐集計畫」，包括六個部分：「①美國國家檔案局檔案與官方檔案之蒐整；②探索蔣經國在俄國官方檔案資料蒐集的可能；③如何購買美國國家檔案館中有關蔣經國之檔案；④英國國家檔案館之蒐整；⑤蒐集直接指稱蔣經國之學術資料；⑥珍貴歷史照片之蒐整。在美國官方檔案部分共蒐整到一百四十筆官方實體檔案，可以勾勒出美國官方對經國先生的觀察、交往、互動之全盤面向，更可以透過電報研究，了解美方在當時情蒐的重點、關注的議題和外交政策之布局。若加上張力教授提供的美國圖書館體系收藏的照片檔四百七十九筆，總計有六百一十九筆官方檔案。」

二〇一五年，七海園區及蔣經國總統圖書館籌劃進度

「關於樹木保護計畫審查，工作團隊於二〇一六年三月四日提送，三月二十一日進行樹木保護計畫幹事會議審查；由於委員提及其中一株受保護樹木位置與八米道路衝突的問題需要釐清，以及園區褐根病需要加強整理規劃，因此決議再提到大會審議。基金會宋翠

翠英主祕與林雅萍建築師於三月二十五日和二十八日兩次與北市府建造科共同討論，確定七海園區圖書館主要出入口到建築線以類似通路來解釋，路寬不需要八米，因此也不影響園區受保護樹木。關於褐根病問題，基金會一方面請文化局提供該局兩年前整治褐根病的資料給景觀顧問參考，另一方面也請福田樹木保護協會及整治褐根病專家胡寶元教授協助提供意見進行規劃防治方案，並重新修正計畫書，加強褐根病處理方式。樹保計畫於四月十二日第二次送件，並於五月二日第二次樹保幹事會議順利完成審查。

後續，本會與中華信望愛基金會委託廣容綠化公司進行整治褐根病計畫，已於七月十一日完成抽樣送檢，擬於九月中旬完成燻蒸治療，十月初褐根病防治作業將可整體驗收完工。」

基金會和中華信望愛基金會與北市府於二〇一二年取得五十年興建與營運權利，和二十年優先續約權後，進入工程關鍵期，然而這一年北市府易主，許多已經進行的計畫泰半要重新送件，供新團隊再審，褐根病保護計畫送件兩次，相對還算是比較簡單的事。

以都市計畫審議為例，部分審議委員就對原計畫書提出修改意見，並要求修改後再審，這次調整可謂「傷筋動骨」，調整的部分包括：取消國際交流會館、公車站及大客車區臨停，並將原來設計於地下一樓的多功能會議廳移至主建築群北樓之二樓，擴大主建築群與七海潭水岸間的綠地，以及規劃環湖步道等。這個改變固然增加了園區的綠地規劃，卻也讓園區營運能量大減，特別是取消國際交流會館，而公車站移位還得和海總、國安局等周邊單位協調，修改後第二次審議會才得以通過。

都審變更設計，毫無疑問必然影響施工進度，為了讓興建計畫更有效率，基金會邀請冠德建設承攬園區的興建與營造，遺憾的是，董事長馬玉山後因病離世，冠德及其旗下的根基營造與基金會的合作最終未能實現。值得慶幸的是，基金會邀請到宗邁建築師事務所負責人費宗澄，擔任全案的營建管理，這使得後續營造工程諸多錯綜複雜的溝通細節得以順利化解。

此外，儘管都審委員對興建計畫還有許多意見，但新任市長柯文哲對園區計畫相當支持，二〇一五年十一月十五日，特別率副市長鄧家基、都發局長林洲民等局處相關人員，親臨園區視察，聽取朱雲漢的簡報。

經過一番折騰，這一年的興建進度又較前一年規劃，再推遲一年，「預計八月底取得建築執照，並進行施工前置作業，十月正式開始施工。擬於二〇一九年一月園區正式對外開放，啟用遊客中心以及開放七海寓所，二〇一九年四月蔣經國總統圖書館與陳列廳開幕。」但募款仍有進展，實際入帳金額達到四億一千六百萬。

二〇一六年，七海園區及蔣經國總統圖書館籌劃進度

取得建照開始施工之後，有更多細瑣的事項，年報逐一記錄，比方施工要申請臨時用水用電，但北安路到明水路有禁挖令，建築師就得修正施工計畫重新掛件審查；前兩年園區樹木保護計畫和整治褐根病持續進行，但梅姬颱風讓編號一七五二的樹木倒塌，基金會和北市樹保委員會勘後解除列管，但市議員和少數里民對移除這棵樹仍有異議，讓作業流程中斷。基金會接受北市府意見，辦理褐根病樹保宣導，讓里民了解受損樹木的近況和園區治療病樹的進度，這才讓褐根病防治作業順利完成；因為園區樹木都被視為「公樹」，移樹計畫同樣要先報北市府等單位核可後才能進行。

除了與里民的護樹溝通，基金會為配合蔣經國逝世紀念日和計畫書中的「回饋計畫」，特別舉辦六梯次、九個小隊的「劍潭里敦親睦鄰活動」，有上百位里民參與，互動熱絡，部分資深居民提供不少七海寓所發展的歷史資料，提供未來導覽內容的參考，文化局長鍾永豐也親自到園區會勘，希望園區能規劃與在地歷史、環境生態相結合，具有故事論述的藝術作品。這次睦鄰活動也算是七海寓所開放前的「預演」，在公共藝術

規劃上，朱雲漢特別邀請香港文化創作藝術家榮念曾擔任藝術總監，並邀請台灣知名藝術家王文志與董陽孜一同創作；同時開始綠建築標章的申請作業，兩個月之內就取得初選證書。

七海寓所雖然已經修復完工，但因為建物老舊，加以颱風致災，文物與建物的維護與保存，成了未來年復一年的日常，從保全系統全面檢測，到園區林木的修復，還有更特殊的「全面進行白蟻檢查與防治作業」。軟體方面，寓所文物檔案資料編冊接近完成，開始整理黨史館的「蔣經國行誼影集」，中研院近史所教授黃克武主持的《蔣經國先生侍從與僚屬訪問紀錄》出版，基金會進一步邀約其中十三人，就其回憶簡要重述一部分，予以錄影留存，以供未來剪輯供陳列廳展示使用，這個計畫在隔年七月開始。

因為興建計畫變更，取消了國際交流會館，使原定中華信望愛基金會可使用的面積從六千九百三十五平方公尺，大幅縮減為一千八百平方公尺，占總樓板面積比例也從四二％減到一三％；但中華信望愛基金會在營運期間所承擔的土地租金義務不變，維護園區營運的履約責任也不變，因為雙方就興建工程費用比例重新協商，「合作協議書補充條款」也在年底送基金會第二次董事會核定。計畫在波折中，一步一步向前推進。

二〇一七年，七海園區及蔣經國總統圖書館籌劃進度

「基金會與中華信望愛基金會共同委請根基營造公司協助七海文化園區工程之營建，惟該公司自二〇一七年四月進駐七海園區工地並完成施工前置作業後，由於台北市政府在建築執照附注列管二八九地號事件處理之延宕，根基營造經諸多考量，擔心工地營造人力與成本虛耗，以及原預定開發完成期限，所剩餘月數不足以完成本案興建工程及責任歸屬等因素，故於八月表達不再參與本案興建工程，並假設工程告一段落後，於十月撤離工地。」

這一年，可謂園區工程的波折年，除了冠德建設因馬玉山過世不再參與計畫外，旗下的根基營造也退出興建；基金會和中華信望愛基金會於八月重新進行營造比價，由「利晉工程」取得優先議價資格，經過六次議價會議，於十一月二十三日完成議價程序，確定由利晉得標。利晉工程也是老字號營造商，成立於一九六六年，近年重要的興建工程有新店慈濟醫院、蘭陽博物館、淡水雲門劇場等。

營造商更換，還連動一連串變更，包括從一開始就參與的何黛雯與林雅萍建築師提前中止監造合約，改由建築師王德生接手監造工程師，並協助七海園區興建ＢＯＴ部

分，七海寓所的OT則由建築師郭俊沛擔任，同時委託姚仁祿「統整管理」。

最複雜的還不是這個，因為國際交流會館取消、公車站牌移設受阻、褐根病防治、申設臨時用水衍生水表設置區位問題、考量結構安全增加「基樁載重試驗」的試樁計畫，以及建照附注列管事項的二八九地號處理等六項非基金會可抗力的因素，影響後續執行期程，基金會和中華信望愛基金會於十二月二十八日再次發函北市府申請展延，希望北市府同意施工起算時間從二〇一九年四月十一日展延到二〇二一年七月十一日，申請展延的時間達八百二十四天。

對於基金會的展延申請，文化局一直未及回覆同意展延的天數，柯文哲請副祕書長陳志銘出面負責協調各局處，陳純一與宋翠英兩次出席協調會，最後北市府同意依「研商訂定建築工程合理工程期限」會議紀錄，要基金會和中華信望愛基金會向建管處申請展延竣工期限，如經核准可增加十一個月，自二〇一九年四月二十二日至二〇二〇年三月二十一日，計可展延三百三十五天，竣工期限經准展延，則興建期限最多可展延日數為六百一十四天，投資契約興建期限同步展延到二〇二〇年十二月十四日。

經過展延申請，基金會的年報報告：「基金會目前根據利晉工程的估算，興建工程預計於二〇二〇年三月十四日完工，外加室內設計與裝潢工程，以及試營運等，園區擬延至二〇二〇年十月正式開放，屆時啟用遊客中心以及開放七海寓所參觀，蔣經國總統圖書館與陳列廳則於二〇二〇年十二月正式開幕。」

值得一提的是，年報特別「感謝」自籌建以來一直以「義務顧問」協助的費宗澄，而後續工程的諸多難題，費宗澄確實也盡最大能力，讓蔣經國總統圖書館的「夢想」終於成真。

二〇一八年，七海園區及蔣經國總統圖書館籌劃進度

「本案工作團隊固定每週四於工地舉行工程管理會議，由姚仁祿先生主持，會中聽取營造商利晉工程報告進度，同時也針對業主之需求，交付監造王德生建築師就法規與實務面進行變更與修正。此外，為掌握工程進度和法規檢討，基金會每月定期由履約顧問世曦工程顧問公司召開履約管理會議，由基金會副執行長陳純一主持，台北市政府文化局依據BOT案規定，每月定期到工地進行查核與勘驗。」

經過前一年的營造商和監造工程師更換，這一年的園區工程有具體進展，利晉在七月上旬開工，圖書館基樁和鋼板樁施作在十月全數完成，土方開挖則在二〇一九年六月

完成，正在進行的包括一樓梁板混凝土組立與鋼構；遊客中心則進入二樓樓板鋪設；為保障工程品質，基金會特別要求各種測試，如發電機測試、玻璃帷幕風雨試驗等。

BOT部分（圖書館），王德生提出三次變更設計；工程管理顧問姚仁祿則提及蔣經國曾撰寫《風雨中的寧靜》一書，建議以「寧靜」作為園區規劃時營造的氛圍，並期待民眾進入園中得以沉澱心靈，感受到蔣經國表達「寧靜」的深意，未來公共藝術創作希望以此為設計重心。第一次「公共藝術執行小組」會議，推舉費宗澄為主席，並由姚仁祿介紹基地暨建築設計、園區參觀動線，以及公共藝術設置點等，會中決議委託董陽孜為公共藝術創作藝術家。

工程有進度，策展也沒停，基金會陸續與姚仁祿、中研院研究員張力和范毅軍、紀錄片製作人丁雯靜共同計畫園區策展影片。基金會與多個單位洽商影音資料的授權，並對外公開徵集蔣經國相關圖書。

所謂「關關難過關關過」，這一年，對基金會和執行長朱雲漢而言，應該有著「走過風雨」的舒坦，一切，是那麼不容易，比想像中的艱難；一切，又總能在艱難中化解，進展來得並不快，卻也算及時。工程，儘管一延再延，距離原初預期已經晚了三、四年，但基樁已固，圖書館雛形在望。

二〇一九年，七海園區及蔣經國總統圖書館籌劃進度

「一百零八年十月二日七海文化園區舉行上梁典禮，活動簡單而隆重，出席人員包括朱執行長雲漢、陳副執行長純一、宋主任祕書翠英、中華信望愛基金會黎少倫董事、張育達副總、利晉工程公司鍾鴻裕總經理、姚仁祿先生和工作團隊，當天貴賓們於其中一根梁柱上簽名，該梁柱懸置於蔣經國總統圖書館，象徵新的里程碑。」

就在園區工程看到實際進度的時候，新冠疫情席捲全球，工程沒有受到影響，但固定每週、每月召開的工程會議和履約管理會議，都改以視訊進行。七海寓所則有若干細節變動，如寓所前階梯和扶手、停等區動線、儲物區和展示牆等，即使是細節變動，北市文化局還是邀請李乾朗、蔡元良、蘇瑛敏等委員和北市府相關局處親赴寓所會勘並提出意見，六月底變更修正版提交給北市府。

圖書館則確定以「寧靜」為設計主軸，初步規劃的展示空間包括：第一展廳為常設展，以蔣經國個人經歷活動和人際關聯為重點，凸顯個人風格和生活面貌，也針對其一生中特殊事件深入探討，如建設台灣、自由民主推手、外交逆境、用人哲學和兩岸關係等；第二展廳為特展，規劃主題包括蔣經國日記、水墨情懷、隨扈回憶、一生大事紀和

訪客留言等；第三展廳為多媒體放映室兼演講廳，放映第一、二展廳相關的影片或多媒體素材；寓所展示區則圍繞七海寓所的故事和周邊環境。

除了開放民眾參觀的展示區，圖書館和會議室則規劃提供學者研究空間，多功能會議廳和多間小會議室可對外出租，提供相關單位舉辦國際會議、展覽和活動。最重要的，「圖書館之友」終身會員制的構想也在此時成形，「擬邀集學術界、藝文界、科技界、企業界菁英，利用七海園區獨特的環境空間，創造一國際性學術與跨界思想交流之平台。」

值得記一筆的是，這一年的三月二十日，蔣經國長孫蔣友松和前國安會祕書長胡為真，連袂走訪園區，朱雲漢陪同參觀，蔣友松和長孫女蔣友梅是孫兒女輩中，對七海園區最為關心的家屬。

二〇二〇年，七海文化園區及蔣經國總統圖書館籌劃進度

「姚仁祿先生於二〇二〇年八月二十一日來函表達考量諸多因素無法持續服務。八月二十五日朱執行長雲漢拜訪潤泰集團總裁尹衍樑，尹總裁承諾以實物捐贈方式贊助園區相關精裝修工程。」

所謂「失之東隅，收之桑榆」，在興建工程的最後階段，一直擔任監造的姚仁祿沒能堅持到最後，但園區室內精裝修工程卻得到一位德高望重的企業家鼎力支持，這對基金會而言，不啻是園區落成前最重要的一場及時雨；其他負責內裝的還包括：「傑訊實業」負責多媒體設備、「台達電」負責光纖與無線網路、「德來空間設計」負責牆面木作工程和大型家具、「震旦集團」負責辦公家具、「優聯科技」協助設置售票機、「碩譽電機」負責設置停車場設備，其他還有海鷗燈、園區標識系統等；基金會、潤德團隊和相關單位固定每週一在工務所開會，確認細節。園區在二〇二一年六月十八日取得室內裝修合格證明，其他諸如公共藝術作品，則在二〇二一年四月十五日完成驗收，綠建築也在當年十二月底取得正式標章。

圖書館建築漸次完成，陳列廳的策展籌備也緊鑼密鼓展開，在經過一連串密集徵詢，最後委託曾任台北市文化局長的劉維公，和曾任二〇一八、二〇一九年「白晝之夜」藝術總監的胡朝聖團隊協助，策展團隊同樣每週與基金會開會討論策展方向，內容包含：

一、七海寓所停等區展覽，包括場次導覽、探訪寓所，線上導覽和拍照區。

二、第一陳列廳以「台灣現代化的推手」為主題，分六個主題展示：①經國先生大事記；②知行合一的總統故事：展現蔣經國親民愛民的人格特質；③關鍵時刻的領導智慧：展示時期如退出聯合國、中美斷交、美麗島事件等；④劃時代典範的「經國之治」：以數位互動展示建設新贛南、行政革新、十大建設等；⑤經國先生的微笑：在蔣經國初任總統的四年，下鄉達一百九十七次，與民眾相處時間高達一百五十五天，在這些下鄉的照片中，總能看到他開懷大笑的表情，除了照片，同時呈現其聲音和影片；⑥方良女士的堅強：鮮少出現在大眾面前的蔣方良，是蔣經國背後最大的支撐力量，經由展示尋常家具、衣物和家族合照，展現其平實平淡的家居生活和溫馨的家庭關係。

三、第三陳列廳以「歲月沉思錄」為主題，包括蔣經國的書畫作品、日記，以及僚屬們的回憶，內容包含：繪畫作品「貞幹凌霄」、「人憐直節」、「性靜情逸」等，其作品清雅俊逸、筆觸細膩，展示中還包括蔣經國繪畫老師高逸鴻送的一幅「飛鷹展翅」圖；「蔣經國日記」則以一九六〇至一九七〇年代，重現財經建設、他對內政外交的諸多想法，以及對父親、家人的懷念關心之情；僚屬回憶就是侍從回憶的重點影音紀錄。當時兩蔣日記尚未回到台北，基金會特別與胡佛研究所檔案館合作，並由郭岱君教授對十二則展示的日記做時代背景的解析。

一切準備停當，基金會依合約規定，要在開幕前三個月提交園區營運計畫書，二〇二〇年十二月三十一日送交計畫書草案，並在隔年二月二十六日、四月十六日提交修正報告；二〇二〇年六月同步進行志工培訓，由錢復董事長、朱雲漢執行長、宋楚瑜董事、葛光越大使、郭岱君和王家驊教授演講。

興建計畫的最後階段，募款也到達高峰，年報記錄精裝修的「實物捐贈」已達兩億四千多萬；此外，另一位企業家捐助六百八十萬美元，震旦集團創辦人陳永泰和日月光集團張虔生分別捐助一千萬。整體興建投資需要十億三千萬，截至二〇二一年五月，已經募得十億，達成率九成七，這個成績的確驚人，對所有熱心捐贈人士，基金會特別設置「電子捐贈牆」以表敬意。

尾聲

「哲生先生之喪事，由於其家人之處理不當，引起一般人之反感，有損哲生先生生前之清譽，為之惋惜，其實吾人生於世間，生有何歡，死有何懼，還要去講風水、看相算命，豈不可笑。如果我死了，希望把我燒成灰，散投於河中，最好是投入海中，以免為水汙染之因素，如此我的心可以安矣。余死後既無遺物，亦無遺囑，此生對黨國和同胞的關係，有正亦有負，不知正負兩者足以相互抵銷乎，不過，一生存心無惡意，此則可自慰者。國難當頭，面臨匪禍，有一口氣和有一分力量的存在，就得盡力而為之。」——《蔣經國日記》一九七四年六月四日。

園區計畫從二〇〇五年動念，以迄園區圖書館落成、開放，已經十六年。基金會原訂二〇二一年五月三十一日舉行蔣經國總統圖書館開幕典禮，邀請對象包括：前現任總統馬英九、蔡英文，前現任市長郝龍斌、柯文哲，還有蔣友松等蔣家家屬，以及基金會長期合作的國際學術機構學者、蔣經國侍從人員、捐款人、協助籌建的相關人士、駐華使節、政府官員、媒體等。總統府祕書長李大維事前邀請朱雲漢、陳純一、宋翠英等人，討論蔡英文親臨現場的動線和活動流程，李大維並親赴園區會勘；不過，受新冠疫情影響，圖書館開幕又推遲到二〇二二年一月二十二日，這是後話了。

二〇二一年四月二十七日，蔣經國一百一十二歲冥誕，朱雲漢帶領基金會同仁在七海寓所舉行升旗典禮，受邀人士包括潤泰集團總裁尹衍樑、總經理盧玉璸及工作團隊，還有蔣友松、葛光越、邱奕和等前七海侍從人員等。這一天，蔣經國離世已經三十三年，國旗在寓所前再一次升起，只能以百感交集、感動莫名形容，蔣經國在日記曾自評一生與黨國和同胞「有正有負」、「不知正負兩者足以相互抵銷乎」，但凡有此問者，心中自是希望正多過於負，離世三十三年，人們還是捨不得讓他散於江海，並讓寓所回復原貌，以蔣經國清簡素性，或許會淡淡說句「何必呢？」但這正是對他一生「正大於負」的注解，蔣經國之心可以安矣。

終章

留下喟嘆，沒有遺憾

朱雲漢，這個堅韌的名字，成了蔣經國總統圖書館的代名詞，也成為了「不可能任務」的實現者。他不僅是蔣經國基金會的執行長，更是那顆在無數艱難時刻依然堅持不懈的心臟。跨越十多年的建設，無數次的挑戰與挫折，朱雲漢以「事必躬親、鉅細靡遺」的態度，將一個理想化的願景，打造為現實中的文化寶庫。在他眼中，每一片建材、每一處細節，都承載著歷史與使命的重量，即使面對不可預見的困難，他也從未放棄過。那些曾經的焦慮、徬徨，隨著圖書館的落成而化為自信與滿足，猶如他在開幕典禮後的喃喃自語：「你真敢，做了許多人不敢做的事。」或許，在他生命的最後時刻，是以一份無憾的心境，走過人生的終章，是對理想、對使命的終極詮釋。

我們離目標還很遠，
時間一天一天地過，
不能再原地踏步。
——朱雲漢「我的焦慮」二〇一七年

所謂「十年磨一劍」，蔣經國基金會十年磨出一座總統圖書館，工程繁複浩大是看得到的，外人看不到的則是過程中的艱難起伏。毫無疑問，故執行長朱雲漢是這個「不可能的任務」最終能夠完成的「靈魂人物」，沒有他幾番陷入挫折仍不放棄的堅持毅力，園區工程九成九脫不出中途夭折的命運。

一路追隨朱雲漢打拚的基金會同仁最清楚個中艱困，他們自嘲：「好幾次，我們都想跟朱執行長說，就算了吧。」園區大事當然不是一句「算了吧」就真能算了，所有的困難都是為了甘美的果實而準備；十年，物換星移的包括人事、工程設計、營造團隊、策展計畫……，唯一不變的是朱雲漢鉅細靡遺的操心。

朱雲漢寫下「我的焦慮」

朱雲漢擔心工作無法如期完成，特別在二〇一七年六月製作一份投影片，題為：「我的焦慮」，分析當時未能完成的諸多工作，包括：營運設計與規劃、執行計畫、管理機制、行銷計畫、網站規劃、文物檔案的整理與保存、預定二〇一八年園區開幕前一個月的試營運——所有人員、志工、門票、資訊系統、紀念品、導覽手冊、保全、監控系統……都要就緒，他並以「做事的態度」勉勵基金會同仁與自勉，包括：

①願景清晰、立意要高、取法乎上。
②無中生有、開疆闢土。
③臨事而懼、謀定而後動。
④勤能補拙、不恥下問。
⑤事必躬親、鉅細靡遺。
⑥輕重緩急、主從分明、急當務之急。
⑦勇於承擔、主動積極。
⑧講求績效、資源用於刀口。

這份簡報，呈現的是朱雲漢的焦慮，卻也展現了他絕不放棄的使命感。在他面前，想放棄的人再也開不了口。

對細節的完美堅持

回顧這段過往，朱雲漢勉勵基金會同仁的「事必躬親、鉅細靡遺」，也是自況。他管大事也重視細節，比方，為了園區空調系統，他就親自拜會格力空調董事長董明珠；為了選擇更環保的建材，他和符傳禎曾特地遠赴北京參觀洪雅竹元科技公司，以了解竹鋼建材，但因為竹鋼建材太重，怕影響結構，並未採用；他還研究園區的景觀區使用透水地磚的可能。

室內裝潢的建材，他也極為講究，他帶著陳純一和宋翠英，多次到潤德挑選地磚，最後選擇「白蒙卡地磚」並使用未拋光的反面，他認為這更能與蔣經國的樸實相呼應；連地毯都是請宋翠英帶著樣本到工地，在光線下逐一挑選；為了配合園區木材建築的樸實特色，宋翠英特別找了王行恭、張文信兩位設計師，一起挑選適合的木皮。其他家具，即使是一盞燈，都是斟酌再三才確認使用，圖書館裡天地一沙鷗的海鷗燈，就是出自朱雲漢的點子；圖書館內有一幅張大千唯一的「二玄社」複製畫，也是他傾全力靠私交而非公費爭取而來。

朱雲漢對細節的堅持，反襯他要求完美的性格，他強烈的使命感和理想性，讓他常有挫折，對人對事的期待落差，難免讓他失望，但他的堅持卻也是園區計畫得以柳暗花明、苦盡甘來的關鍵。

二〇二一年的三月和十一月，朱雲漢分別有兩次對志工演講，完整說明基金會建構園區的構想源起，以及對「總統圖書館」的擘劃，包括他多次走訪美國總統圖書館的心得。

構想源起

朱雲漢在演講中指出，他的構想是參照美國總統圖書館的成立。美國總統圖書館迄今共有十五座，其中胡佛和羅斯福總統圖書館成立時，國家尚無正式的法律框架，一九五五年通過《總統圖書館法》後，總統圖書館的組織建制才有依據，而第一個適用這個法源的是杜魯門總統圖書館。

在《總統圖書館法》適用前成立的「羅斯福總統圖書館」很特殊。羅斯福在總統任內時，就在老家附近（距紐約車程約一小時的海德）安置了一個自己的圖書館和辦公室，下鄉時就在這裡辦公，大量文件書信副本也都安放在此，很自然地轉型成為一個總統圖書館，國會也通過一個特別法，認可這個圖書館的法定地位。

接下來的歷任總統圖書館，基本都照著《總統圖書館法》的法律框架，朱雲漢以「私辦公營」形容，因為總統檔案都是屬於國家的，隸屬的管理單位是「國家文書暨檔案總署」，類似我們的國史館和國發會檔案管理局，但總統圖書館皆散建於全美各地，一般是總統故鄉或是政治發跡地，比方美國前總統歐巴馬就沒把圖書館建置在他的出生地夏威夷，而選擇在芝加哥大學，因為他是校友，又在伊利諾州當選聯邦參議員，這個建物未來會稱為「歐巴馬總統中心」，包括檔案館、圖書館、陳列館及舉辦活動的空間。

以美國數座總統圖書館為靈感

不同的總統圖書館，其實也反映總統的風格和特殊偏好。一般而言，總統只要連任成功，在第二任卸任前就會開始規劃，而且，會先成立一個民間基金會，再由這個基金會和「國家文書暨檔案總署」簽署合作協定，民間基金會負責找適合的場地與捐贈單位，「學校」是最普遍的選擇。爭取歐巴馬總統中心的是芝加哥大學；柯林頓發跡地在阿肯色州，阿肯色大學就劃出一塊地來爭取設置柯林頓總統圖書館；雷根總統圖書館則是加州一個大家族捐出私人產業，提供興建。民間找地籌資興建，但檔案還是要由聯邦政府派員管理，最重要的，檔案要對一般民眾開放，同時還會有開放空間提供舉辦活動。

每位總統都有值得人記憶與景仰的故事，民主黨喜歡在羅斯福總統圖書館辦活動，而共和黨則喜歡在雷根總統圖書館辦活動，這個場域也是讓學生認識美國歷史的地方。在故居興建圖書館的好處是，能夠實地實景地回到總統曾經生活過的足跡。

朱雲漢也對美國總統圖書館的志工服務感到印象深刻，「在那裡不管是什麼角色的志工，都精神抖擻，而且一定穿上好的西裝、皮鞋擦得發亮，覺得自己是在白宮上班一樣，有這樣的一種自覺，是因為他知道，訪客到園區來，第一線接觸的就是志工。」所以，朱雲漢堅持為志工訂製正式制服，他告訴志工，「各位就代表園區，代表蔣經國總統圖書館，也代表我們基金會，甚至講得更嚴肅一點，各位代表了台灣跟中華民國，在這裡接待各界來的訪客」，參與志工的工作行列是一件非常光榮的事。

擘劃

從美國總統圖書館的案例，就可以看到為什麼朱雲漢會發出宏願，以七海寓所為基地，興建蔣經國總統圖書館並成立文化園區。因為這裡就是顛沛大半生的蔣經國夫婦在台灣的長居之地，也是蔣經國成為總統後的正式寓所，這裡不僅僅是家居之地，還是宴請國際重要訪客之地，更是「歷史事件」的關鍵地，比方中美斷交，蔣經國就是在此於睡夢中被叫醒，開始處理一連串應變措施。

七海園區背靠劍潭山，周邊基隆河環繞俯視整個台北盆地，天氣晴朗時遠望能看到大雪山，朱雲漢形容「這是一塊難得的風水寶地」。如果中央山脈是台灣的龍身，劍潭山就在龍的鼻頭，圓山就蓋在鼻頭點上，日治時代最重要的神社就建在此稱為「台灣總鎮守」，蔣中正和宋美齡來台一眼就看中此地，爾後將神社拆除，原址興建為圓山大飯店，二戰末期興建的二代神社新境地則改建為圓山聯誼會。七海潭的水來自劍潭山，也是一個滯洪池，海軍總部也有一個四海潭，水能流入七海潭，水滿位時就會流入雨水下水道，而地下水道系統尚未完備時，是直接流入基隆河，所以七海潭雖是人工擴建，卻仍是一潭活水。

融合傳統元素及現代語彙

如前所述，美國總統圖書館都會體現總統的不同風格，園區的規劃從一開始就要求「所有新的設施都要體現蔣經國的風格」，什麼是「蔣經國風格」呢？朱雲漢如此定義：「做為中華文化傳承者的文化地位，要體現總統該有的規格、該有的氣度，不能太小氣，這是台灣的一個重要門面，是國家的重要門面。此外，不能喧賓奪主，不能讓故居（寓所）被一個龐然大物的建築壓著。」簡單講，坐在寓所的客廳或起居室裡，不能看見新的建築，即圖書館不能壓過寓所本身。如今，我們看到蔣經國總統圖書館結合「傳統四合院」元素與「現代建築」線條語彙，完全融入環境，與寓所和周遭環境保持一種和諧的關係。

為了七海寓所的觀光功能與圖書館的研究功能，園區建築群有不同的空間規劃，包括典藏的庫房、圖書館的閱覽廳和陳列廳；志工導覽也有不同的內容，故居導覽要讓訪客身入其境地體驗蔣經國的樸實生活，還要能敘述蔣方良所處的時代和故事；陳列廳也有側重於國家社會不同階段發展的故事；演講廳則可以舉辦學術活動，最重要的，還要有可以提供訪問學人研究的空間。因應不同需要，園區也設計不同的動線，比方遊客中心是訪客進入園區的第一站，但若是學者參加學術活動或做研究，就不需要進入遊客中心，而是從東邊直接進入圖書館。

挑戰

關於第一個挑戰，朱雲漢提醒，展覽不能數十年不變，特別是年輕世代有自己喜歡的風格，不能用太古板的方式策展，對蔣經國不同世代有不同的記憶，「但要跟四十歲的人，甚至三十歲以下的人講經國先生的故事，就不容易了，這是一個挑戰。」

第二個挑戰是財務。基金會和北市府以ＢＯＴ案模式合作，從興建到營運皆由民間籌資，五十年合約期滿，所有地上物（圖書館）就會回歸給北市府，即捐贈給國家。基金會與北市府於二〇一五年正式簽約，園區於二〇二二年正式啟用，接下來的四十三年，基金會要負責營運七海園區，待五十年期滿有優先續約權，第一次優先續約有二十年的期限，換言之，基金會可以執行的是一個長達七十年的方案，這是一個相對有保障的架構，卻也是極負挑戰的任務，畢竟園區不是營利單位，維持園區的運作是一筆沉重的開支。

圖書館還有第三個挑戰。如前所述，園區規劃和羅斯福總統圖書館的架構、布局相類，但有一個最大不同是，美國有明確的法源，而中華民國雖有《圖書館法》和《國家圖書館組織法》，但兩法皆未包含總統圖書館之設置規範，也沒有相關的專門條例，只有一個《總統副總統文物管理條例》，根據該條例，蔣經國總統任內的文物均歸屬國史館，管理者是國史館而非蔣經國總統圖書館，更不是蔣經國基金會。所幸，一開始蔣經國總統圖書館的定位就是「二十一世紀數位的圖書館」，意即文獻與檔案原件不需要存藏於此，只要國史館管理的檔案文獻解密，圖書館就做成「數位拷貝」進入數位資料庫，供各界研究使用。

除了國史館數位資料，圖書館也會蒐集、使用國民黨黨史館的資料，因為蔣經國也當了十三年的國民黨主席，台灣民主化工程很大部分在這個階段由國民黨主導開放。此外，與蔣經國相關的機構，比方國防部、退輔會、救國團等資料，都會是未來陸續數位化的合作對象，甚至媒體如聯合報系的資料庫，乃至國外機構的解密檔案，如美國國家檔案館，乃至兩蔣日記的數位檔，都會納入數位合作的對象。

期許

對朱雲漢而言，七海園區不僅僅是「活化古蹟」，蔣經國總統圖書館不僅僅是一座總統圖書館，也不僅僅是蔣經國的「政治遺產」，儘管談到蔣經國最為人稱頌的不外乎十大建設、政治改革和兩岸開放，但不論是蔣經國或蔣中正，都還有非常重要的歷史貢獻和地位，亦即「他們要把台灣建設成傳承優秀中華文化的基地」，這也是蔣經國基金會成立三十多年以來，在全世界推廣漢學的學術使命，「文化定位比經濟的、政治的更重要，因為這是你的靈魂、精神，也是你的核心價值所在。」蔣經國總統圖書館作為學術研究的交流平台，他更希望這裡能成為推廣漢學的重要基地。

二〇二二年一月二十二日，圖書館正式落成開幕，朱雲漢前述的想法成形了！

多數人不知道的是，此刻的朱雲漢已罹癌。宋翠英回憶開幕典禮結束後，與會來賓陸續散去，朱雲漢緩步到圖書館陽台，望著七海潭與園區綠意盎然的美景，喃喃自語地說：「朱雲漢你真敢，園區從無到有，真不敢相信圖書館完成了，你做了許多人不可能做到的事。」這是朱雲漢豪情的一面，他的確做到了許多人不敢相信也做不到的事。

就在園區開幕後一年，二〇二三年二月五日，朱雲漢因病離世，他用盡一生最後的力氣，完成了不可能的任務，留給眾人的是錯愕、唏噓、喟嘆，走在七海園區裡，望眼處處皆是朱雲漢的心血。或許在人生的最後時刻，他可以寬慰自己「我的一生，沒有遺憾了。」

後記

一個二十多年前的承諾

「蔣經國基金會好像有點事，你去了解一下。」約莫是二〇〇〇年政黨輪替後的一個下午，《中國時報》創辦人兼董事長余紀忠找我進辦公室，交代了這麼一件事，開啟我和蔣經國基金會似深又淺的緣分。

那段時間，因為工作的關係，余紀忠時不時找我，談的無非都是政治種種，從修憲到朝野政黨領袖人物之是非，乃至兩岸關係，類似上述只有一句話的交代，卻是第一次。而我連問「是什麼事」都沒有，不是我胸有成竹，相反地，我是一頭霧水，之所以不多問一句話，是不想讓他知道我竟然在狀況外。

這點小私心，我不確定被余紀忠看穿了沒，我只能聯絡朱雲漢，因為在蔣經國基金會裡，他是我認識且大概不會嘲笑我「什麼都不知道」的人；當時和朱雲漢有點熟又不能說熟，畢竟我的新聞工作和政客接觸得多、和學者接觸得少。另外一段因緣，則是第一次政黨輪替後，朱雲漢打了通電話給我，要我為香港大學《二十一世紀》雜誌寫一篇分析台灣政局的長文，這是我第一次為境外媒體寫稿，還是香港大學的刊物，這通電話讓我有點成就感，覺得自己跑新聞的努力得到朱雲漢的賞識，也有了和朱雲漢攀熟識的膽氣。

基金會人事變動背後的默契與政治角力

一個陽光午後，我到基金會辦公室與朱雲漢長談，余紀忠口中的「有點事」，說複雜也挺簡單，說簡單又有點尷尬。簡單講，就是政黨輪替後，新政府有意安排自己人進入基金會，情況與第三次政黨輪替、蔡英文政府就任後有意「接管」基金會一般；以及，已有目標人選有意取代朱雲漢在基金會的角色。和朱雲漢談完後，我找上另一方的關鍵人物「了解」事態進展到哪個階段。

事後，我向余紀忠原原本本地回報我向兩方「了解」的結果，因為兩方學界人士都是《中國時報》的朋友，我建議看事情的發展，如果不是太不合理，就不必新聞處理，余紀忠點點頭接受我的建議，連說「好，好」。作為學術機關，基金會本來也不該成為政局變化下的焦點，被政治爭議干擾；當年的扁政府朝小野大，基金會依章程更換了董事會裡的政府代表，運作完全不受影響，包括人事。上述這件事就此揭過，不過，基金會就此成為我和余紀忠的一個默契：若有事，就關照了解一番。

陽光午後的談話與敦煌研究的啟蒙

但是二十多年來，我和基金會的接觸其實是疏離的。記憶裡只有一次，一個陽光明媚的午後，我和接任董事長的毛高文相約在福華飯店二樓西餐廳，談基金會的工作。毛高文是我跑新聞的「舊識」，當年我跑教育、學運新聞，他是教育部長，我總記得他言笑晏晏、從容和煦的模樣。那個下午，我們談李登輝，也談李登輝的兩國論，我聽得張大了嘴，連話都不會回，毛高文則樂不可支地看我驚訝不已的呆樣。

毛高文還帶來對岸敦煌研究的《學報》和基金會訪問的媒體報導，我傻裡傻氣地問：「基金會為什麼要補助敦煌研究啊？」

「這就是漢學啊！」毛高文如數家珍地談敦煌石窟，聽得我一愣一愣，最精采的不是學術研究，而是他拿出一份《學報》指著說：「你看，他們把我寫死了」，然後哈哈大笑。原來對岸把他寫成故去之人，而率團訪問的毛高文不以為忤地當著接待單位的面說：「你看，這就是我，我還在呢！」

那一天的陽光和毛高文的笑聲，從此不忘。不忘的還有「敦煌研究」，從此我的書架上又多了一類書，儘管大部分我是看不懂的，但那個好奇與新鮮卻歷二十年而不衰。基金會開啟了我知識的另一扇窗，陪伴我很多個工作乏味無聊之餘的排解。

感激能有機會圓滿因緣

就這樣又過了十多年，直到基金會在朱雲漢的努力下，完成七海園區和蔣經國總統圖書館的重大工程，在此之前，我並未太過關心圖書館的籌建過程，甚至認為工程太艱鉅、政治氛圍太緊繃，成功機率真低，不過，成功永遠會給樂觀的人，因為樂觀所以有不放棄的動力；收到圖書館開幕邀請，我還不可置信地自言自語：「朱老師真的辦成了！」

開幕典禮當天，我排開一切外務，就為了到園區一觀，不論是寓所的復原，或是圖書館的大方簡約，都讓人印象深刻，台灣的來時路，就在這裡留下了永遠的紀錄和痕跡。我們總是太輕易地用「經濟奇蹟」、「寧靜革命」敘述台灣發展軌跡與成就，但這一切，都不是從天而降或老天賜福，全民的努力和領導人的意志、睿智與堅毅，都不可或缺，看清楚過去才能看清楚未來，歷史永遠是前瞻的養分。

沒想到，開幕典禮過後不多久，就接到了朱雲漢的電話，希望我為園區留下一個紀錄，我幾乎不假思索地點頭應允，因為這通電話，讓我想起二十多年前余紀忠在辦公室交代我的一句話：「基金會有點事，你去了解一下。」基金會就是余創辦人交代我的任務，當年沒有處理的新聞，經過二十多年，如今我要用一本書完成老先生的交代，事有因緣，我能有機會圓滿因緣，心裡是非常激動的。

書的完成難度比我想像的大，時間拖得比我預期的久，訪談還原基金會籌備的十數年光陰，為園區工程投入的人，比我能想到的更多。朱雲漢因病離世時，我才寫了三個章節，他沒等到我完成書稿，是我最大的遺憾。朱雲漢走後，我一度停筆，幾乎要放棄，「士為知己」，知我文字的他都走了，基金會還要這一本紀錄嗎？基金會就是有一群不放棄的人，因為他們不放棄，我們有了第一座總統圖書館，主祕宋翠英成為重新燃起我寫作動力的引線，沒有她的催促和鼓勵，這部書稿大概是劃不下句點的。因為時間的拖延，反而讓我有機會在書稿完成前，完整閱讀第一批「蔣經國日記」——因為原本寄藏於胡佛研究所的兩蔣日記回台了。

為台灣留下記憶與笑聲的園區

一代人有一代人的命運，我經常迷惑於父祖輩的命運，是什麼命格讓他們那一代人有如此命運，一批人留在彼岸吃盡苦頭，一批人選擇遠走此岸，開啟人生第二章，因為人生甚至親緣的斷裂，他們之中絕大多數成了沉默的一代，他人可曾思索自己一生的意義？七海園區為他們微不足道的一生，留下意義的痕跡，但凡努力過的就會留下成果，留給後人記憶。就像蔣經國，喜歡他的、不喜歡他的，都不能否認他為台灣做過的一切努力，和他奠定的基礎。

走在園區，我難免會想：「蔣經國會希望保存故居，乃至新建一座圖書館嗎？」照他的性格，或許又會來一句牢騷：「幹什麼呢？要做老百姓需要的事。」他最不喜歡「浪費民脂民膏」，還好，朱雲漢顯然很能體會蔣經國之心，園區工程並未動用分毫公帑，這也不是為蔣經國個人籌建的園區，這是為台灣留下記憶，並藉此滋養前進動力的園區。

在學術研究之外，園區可以更親民、更不設藩籬，老覺得在台北就像籠中鳥，遇煩心事就想往中南部和民眾打成一片，只有接觸民眾才會真心大笑的蔣經國，應該也會喜歡聽到一般民眾在此歡快的笑聲吧。

經國七海文化園區籌建大事紀

2005

12．17 蔣經國基金會（以下簡稱基金會）經第六屆董事會第四次會議討論評估參與規劃七海寓所相關事宜的可行性

12．28 基金會邀請中研院近史所與近代史學者成立「七海官邸文物學術諮詢小組」，成員包括張玉法、陳永發、張力、楊翠華、劉維開、呂芳上

2006

7．18 台北市政府（以下簡稱北市府）指定「七海寓所」為市定古蹟

2008

1．13 北市府文化局首度開放民眾參觀七海寓所

9．1　基金會委託中研院近史所陳永發教授進行「七海寓所文物清點計畫」

9．1　北市府委託鼎騏建築師事務所提出「七海寓所調查研究報告」

10．3　北市府文資會同意擴大古蹟範圍，將七海潭周邊納入規劃設置「經國七海文化園區」

2010

1．1　基金會聘請中研院近史所楊翠華教授擔任蔣經國總統圖書館籌劃小組執行祕書

3．1　基金會委託中研院近史所張力教授進行「蔣經國先生大事長編編纂計畫」

5．1　基金會委託台灣大學城鄉所夏鑄九教授進行「經國七海文化園區投資營運評估整體規劃案」

8．30　基金會與中華信望愛基金會（以下簡稱信望愛）簽署「經國七海文化園區OT暨BOT案合作備忘錄」

9．1　基金會委託中國國民黨黨史館進行「蔣經國先生影像數位化計畫」

10．1　基金會委託華藝數位公司進行「蔣經國先生史料老照片數位化計畫」

2011

1．14　北市府委託緯豐營造公司進行「七海寓所屋頂及防水工程」

3．9　基金會進行經國七海文化園區建築設計團隊評選會議，參與委員有漢寶德、夏鑄九、劉育東、吳光庭、吳明修、陳柏森

9．1　基金會委託中研院近史所張力教授進行「蔣經國先生大事長編編纂第二期計畫」

10．17　基金會委託信望愛工程協力團隊進行「七海寓所庫房修繕工程」

2012

2．1　北市府正式公告擴大古蹟指定範圍，規劃設置「經國七海文化園區」

3．8　北市府「變更台北市經國七海文化園區暨周邊地區主要計畫案」公開展覽

3．27　基金會委託潘冀建築師事務所擔任經國七海文化園區建築設計規劃

4．13　基金會委託台灣世曦工程顧問公司擔任經國七海文化園區ＯＴ暨ＢＯＴ案履約管理顧問

6．1　北市府公告徵求民間機構提出「經國七海文化園區ＯＴ暨ＢＯＴ申請案」

7．3　基金會與信望愛（以下簡稱兩會）簽署「經國七海文化園區ＯＴ暨ＢＯＴ案合作意願書」

7．5　基金會委託何黛雯建築師事務所進行「第一階段七海寓所古蹟修復再利用規劃」

7．16　兩會共同提出「經國七海文化園區ＯＴ暨ＢＯＴ案規劃構想書」

9．1　基金會委託中研院近史所張力教授進行「蔣經國先生大事長編編纂第三期計畫」

10．4　北市府舉行「經國七海文化園區ＯＴ暨ＢＯＴ案」初步審核會議

10．31 北市府舉行研商會議，與海軍司令部、國安局共同討論都市計畫變更、綠建築、國防安全等事宜

11．1 兩會獲得「經國七海文化園區OT暨BOT案合格最優勝廠商」資格

11．23 兩會針對「經國七海文化園區OT暨BOT案」後續對策、規劃文件整合等事宜進行討論

12．15 基金會經第八屆董事會第六次會議通過，敦請錢復、翁岳生及郭為藩三位董事擔任「經國七海文化園區合作協議書審核小組」成員

12．26 基金會委託何黛雯建築師事務所進行「第二階段七海寓所古蹟修復再利用規劃」

2013

1．1 基金會委託中研院近史所黃克武教授進行「蔣經國先生侍從人員訪問計畫」

1．1 基金會聘請前台灣大學圖書館林光美副館長擔任蔣經國總統圖書館籌備處主任

1．1 基金會聘請蔣經國總統隨身攝影官高稚偉先生協助與經國先生相關照片之辨識工作

1．7 兩會共同提出「經國七海文化園區OT暨BOT案進一步規劃文件」

1.21 兩會出席北市府第三次「都委會小組會議」（第一次和第二次北市府在內部召開，未對外）

3.6 基金會召開「蔣經國總統圖書館籌備工作會議第一次會議」，參加學者包括范毅軍、項潔、石守謙、林誠謙、陳光華

3.28 北市府舉行都委會大會，討論有關變更「經國七海文化園區ＯＴ暨ＢＯＴ案主要計畫」

4.26 基金會召開「蔣經國總統圖書館籌備工作會議第二次會議」，參加學者包括范毅軍、項潔

5.1 基金會委託中國國民黨黨史館進行「蔣經國先生相關之檔案文獻整理計畫」

5.16 兩會與北市府會勘七海潭周邊下水道

7.17 兩會共同提出「經國七海文化園區ＯＴ暨ＢＯＴ案進一步規劃文件修訂版」

7.17 兩會赴北市府出席「經國七海文化園區ＯＴ暨ＢＯＴ案再審核會議」簡報與答詢

8.5 兩會赴北市府出席「經國七海文化園區ＯＴ暨ＢＯＴ案再審核會議」

8.7 兩會共同提出規劃案獲得通過再審核的資格，成為民間合格申請人

8.8 北市府與兩會歷經八次協商，完成有關「經國七海文化園區ＯＴ暨ＢＯＴ案投資契約（草案）要點」

9·26 基金會召開「蔣經國總統圖書館籌備工作會議第三次會議」，參加學者包括范毅軍、項潔、林勝彩

10·2 北市府委託潤弘精密工程公司進行「七海寓所及附屬建物修復工程」

11·19 北市府公告實施都市計畫「擬定臺北市中山區北安段四小段二〇五－六地號等四十五筆土地文化特定專用區（經國七海文化園區）細部計畫案」

11·30 英國建築文化事務所符傳禎建築師返台參與「經國七海文化園區建築設計規劃會議」

12·3 北市府公開徵求「經國七海文化園區OT暨BOT案」其他民間投資人

12·18 基金會「經國七海文化園區合作協議書審核小組」進行兩會「經國七海文化園區OT暨BOT案合作協議書」審核

12·21 基金會經第九屆董事會第二次會議通過與信望愛簽訂「經國七海文化園區OT暨BOT案合作協議書」

2014

1·1 基金會委託中研院近史所張力教授進行「建置蔣中正先生資料庫與增補『蔣經國先生大事長編』計畫」

1·1 基金會委託台灣大學數位人文研究中心項潔教授進行「漢學網路電子資源的調查、蒐集、與整合檢索系統建置第一年計畫」

1·1 基金會委託中研院人社中心范毅軍教授進行「漢學數位資源整合計畫」

1．6　兩會與北市府討論「經國七海文化園區ＯＴ暨ＢＯＴ案」甄審相關細節

1．16　兩會向北市府提送「經國七海文化園區ＯＴ暨ＢＯＴ案投資計畫書」

1．16　基金會委託理律法律事務所審閱經國七海文化園區ＯＴ暨ＢＯＴ案履約管理相關合約

1．23　符傳禎建築師與共同創辦人懷特曼（Roger Whiteman）來台參與「經國七海文化園區建築設計規劃會議」

1．29　兩會赴北市府出席「經國七海文化園區ＯＴ暨ＢＯＴ案投資計畫書」審核會議

1．29　兩會被評選為「經國七海文化園區ＯＴ暨ＢＯＴ案最優申請人」

2．24　兩會赴北市府進行「經國七海文化園區ＯＴ暨ＢＯＴ案」議約程序

3．1　兩會遴選經國七海文化園區開發履約管理顧問公司

4．1　基金會委託政治大學楊一逵博士進行「美國國家檔案館與經國先生相關之史料蒐集」

4．2　基金會與英國建築文化事務所簽訂「經國七海文化園區新建工程第一期服務協議書」

4．11　兩會與北市府簽訂「經國七海文化園區ＯＴ暨ＢＯＴ案合約」，內容規定興建期為五年

4．20　兩會簽訂「經國七海文化園區ＯＴ暨ＢＯＴ案合作協議書」

5．12　符傳禎建築師返台參與「經國七海文化園區建築設計規劃會議」

5．20　兩會與北市府文化局進行經國七海文化園區第一次土地點交

6．1　兩會委託九典聯合建築師事務所擔任與英國建築文化事務所之建築設計合作團隊

6．10　兩會向北市府提送「經國七海文化園區ＯＴ暨ＢＯＴ案投資執行計畫書」

7．1　兩會委託富國技術工程公司進行「經國七海文化園區基地補充土壤地質調查分析」

7．9　基金會與英國建築文化事務所簽訂「經國七海文化園區新建工程第二期服務協議書」

7．11　基金會與英國建築文化事務所簽訂「經國七海文化園區新建工程第三期服務協議書」

7．21　兩會與北市府文化局進行「經國七海文化園區第二次土地點交工作」

7．30　七海寓所修復工程完成

兩會與北市府舉行「七海寓所修復工程竣工暨經國七海文化園區動土典禮」，執鑣人士包括馬英九、吳敦義、連戰、錢復、毛高文、辜嚴倬雲、

8．28　尹衍樑、郝龍斌、朱雲漢、黎少倫、薛春明、符傳禎、張清華、蔣友梅、蔣友松、林慧芬

9．1　兩會委託弘鑫測量工程公司進行「經國七海文化園區測量工程」

2015

12・1 符傳禎建築師返台參與「經國七海文化園區建築設計規劃會議」

1・1 基金會委託台灣大學數位人文研究中心項潔教授進行「漢學網路電子資源的調查、蒐集、與整合檢索系統建置第二年計畫」

1・1 基金會委託台灣大學資訊網路與多媒體研究所洪一平教授進行「敦煌石窟藝術與穿戴式運算科技整合之合作計畫」

1・15 兩會委託台灣世曦工程顧問公司擔任經國七海文化園區OT暨BOT案履約管理顧問

2・26 兩會委託行易網科技公司協助「經國七海文化園區交評顧問服務」

3・20 兩會向北市府提送「經國七海文化園區OT暨BOT案投資執行計畫書修訂版」

4・22 兩會委託一元創合設計顧問公司擔任與英國建築文化事務所之建築設計合作團隊

4・22 兩會委託元豐工程顧問公司辦理「經國七海文化園區OT暨BOT案水文水理相關作業」

4・23 兩會委託弘鑫測量工程公司辦理「經國七海文化園區補充地形測量及七海潭水位監測」

4・27 兩會委託澄毓設計顧問公司擔任經國七海文化園區綠建築顧問

4．30 兩會赴北市府出席第三次「經國七海文化園區ＯＴ暨ＢＯＴ案履約管理會議」

5．6 兩會委託中冶環境造形顧問公司擔任經國七海文化園區景觀顧問

5．7 兩會委託川昱永續環控公司擔任經國七海文化園區ＬＥＥＤ專案顧問

5．12 兩會委託華揚造園公司進行「經國七海文化園區定期清潔維護工程」

5．26 兩會向北市府提送「都市設計審議幹事會議報告書」

5．27 兩會赴北市府出席「經國七海文化園區民間自提ＯＴ暨ＢＯＴ案履約管理」委託專業服務工作會議

6．15 基金會赴北市府出席「台北市都市設計審議幹事會議」

6．19 基金會朱雲漢執行長赴英國倫敦開會，順道與符傳禎建築師討論經國七海文化園區建築設計規劃

7．6 兩會向北市府提送「經國七海文化園區ＯＴ暨ＢＯＴ案投資執行計畫書修訂二版」

7．8 北市府鄧家基副市長、文化局倪重華局長等會勘經國七海文化園區

7．24 兩會提請都市設計審議委員會程序展期至二〇一五年九月二十二日

7．31 北市府回函同意都市設計審議委員會程序展期

8．1 兩會向北市府提送「經國七海文化園區樹籍資料調查」

8．9 北市府文化局會勘經國七海文化園區蘇迪勒颱風災後情形

9.11 基金會委託一元創合設計顧問公司進行「七海寓所因應計畫暨修復再利用計畫」

9.22 兩會提送北市府「台北市都市設計審議委員會議報告書」

10.12 北市府工務局會勘經國七海文化園區

10.16 國安局會勘經國七海文化園區

10.19 冠德建設公司馬玉山董事長會勘經國七海文化園區

10.22 兩會赴北市府出席「台北市都市設計審議委員第一次會議」

11.10 兩會與根基營造公司簽訂「經國七海文化園區ＯＴ暨ＢＯＴ案合作意向書」

11.15 北市府柯文哲市長、鄧家基副市長等相關人員會勘經國七海文化園區

11.30 兩會赴北市府出席「經國七海文化園區環境影響評估研商會議」

12.23 兩會向北市府提送「投資執行計畫書（修訂二版）補充資料」與出席都審修正報告書處理流程協調會議

2016

1.1 基金會聘請政治大學圖書資訊與檔案學研究所林巧敏副教授擔任蔣經國總統圖書館籌備處副主任

2.5 兩會向北市府提送「台北市都市設計審議委員會修正報告書」

2．25　台北市都市設計審議委員第二次會議，通過「台北市都市設計審議委員會修正報告書」

3．4　兩會向北市府提送「樹木保護計畫報告書」

3．21　兩會赴北市府出席第一次「樹木保護計畫幹事會議」

4．1　兩會委託富國技術工程公司進行「經國七海文化園區基地變更設計大地工程分析」

4．1　兩會委託元豐工程顧問公司辦理「經國七海文化園區案配合ＬＥＤ認證」相關作業

4．7　兩會與北市府文化局、國安局、海總、公車單位等會勘公車亭移設位置

5．2　兩會赴北市府出席第二次「樹木保護計畫幹事會議」

5．3　兩會赴北市府出席第四次「經國七海文化園區ＯＴ暨ＢＯＴ案履約管理會議」

5．13　兩會向北市府申請經國七海文化園區建造執照

5．18　榮念曾先生、費宗澄建築師會勘經國七海文化園區

6．13　陳瑞憲建築師會勘經國七海文化園區

6．21　基金會向北市府提送「七海寓所籌建期管理維護計畫」

7．1　費宗澄建築師義務協助基金會擔任經國七海文化園區ＯＴ暨ＢＯＴ案專業營建管理顧問

7．12　兩會委託廣容綠化公司辦理「經國七海文化園區褐根病診治作業」

9．2　兩會向北市府提送「經國七海文化園區OT暨BOT案投資執行計畫書修訂三版」

9．9　姚仁祿先生會勘經國七海文化園區

9．29　北市府文化局會勘經國七海文化園區梅姬颱風災後情形

10．4　兩會取得經國七海文化園區建造執照

10．4　兩會赴北市府出席第五次「經國七海文化園區OT暨BOT案履約管理會議」

10．6　基金會向北市府提送「七海寓所籌建期管理維護計畫修訂版」

11．11　基金會向北市府提送「七海寓所籌建期管理維護計畫修訂二版」

11．17　五大管線（水、電、電信、消防、雨汙水）——自來水審查完成

11．24　五大管線（水、電、電信、消防、雨汙水）——電信設備審查完成

12．1　基金會委託中研院近史所張力教授進行「蔣經國先生大事長編與照片整合計畫」

12．1　基金會向北市府提送「七海寓所籌建期管理維護計畫」

12．7　五大管線（水、電、電信、消防、雨汙水）——電力完成核備

12．7　北市府同意備查「七海寓所籌建期管理維護計畫」

2017

12．7 兩會向北市府提送「經國七海文化園區ＯＴ暨ＢＯＴ案投資執行計畫書修訂四版」

12．12 兩會簽訂「經國七海文化園區ＯＴ暨ＢＯＴ案合作協議書補充條款暨會議紀錄」

12．17 基金會經第十屆董事會第二次會議通過與信望愛「經國七海文化園區ＯＴ暨ＢＯＴ案合作協議書補充條款」

1．5 北市府同意備查「經國七海文化園區新建工程前置作業施工計畫」

1．12 北市府同意備查「經國七海文化園區新建工程前置作業剩餘資源處理計畫」

1．13 基金會舉辦「參觀七海寓所古蹟暨敦親睦鄰活動」

1．17 董陽孜與王文志兩位藝術家會勘經國七海文化園區

1．17 兩會向北市府提送「經國七海文化園區ＯＴ暨ＢＯＴ案品質管理計畫」

1．20 北市府同意備查「經國七海文化園區新建工程前置作業施工期交通維持計畫」

1．23 兩會進行經國七海文化園區「褐根病樹木保育宣導」

1．24 兩會委託傑昇冷凍空調技師事務所辦理「經國七海文化園區配合ＥＥＷＨ認證相關作業」

1.25 北市府同意備查「經國七海文化園區新建工程前置作業事業廢棄物清除計畫」

2.6 北市府同意移除園區感染褐根病樹保編號一七五二號，並請兩會進行「褐根病防治作業」

2.8 兩會與根基營造公司簽訂「經國七海文化園區新建工程協議書」

2.14 兩會與元豐工程顧問公司終止「經國七海文化園區ＬＥＥＤ專案」

2.16 北市府審查通過「經國七海文化園區新建工程流出抑制設施排水計畫」

2.16 兩會向北市府提送「經國七海文化園區ＯＴ暨ＢＯＴ案投資執行計畫書定稿版」

3.14 五大管線（水、電、電信、消防、雨汙水）——雨汙水審查完成

3.17 園區「褐根病防治作業」完成

3.23 兩會向北市府申報經國七海文化園區新建工程開工

3.29 北市府核定「經國七海文化園區ＯＴ暨ＢＯＴ案投資執行計畫書」

4.10 北市府文化局完成二八七－二、二八八－一、二八九地號地籍分割

4.14 北市府消防局同意備查「經國七海文化園區新建工程消防安全設備圖說」

4.14 五大管線（水、電、電信、消防、雨汙水）——消防審查完成

5.9 根基營造公司舉行開工儀式

6.23 兩會取得「綠建築九大評估指標系統（ＥＥＷＨ）候選鑽石級綠建築證書」

8・22 北市府都市發展局同意放樣勘驗備查

10・5 兩會與利晉工程等三家營造廠商進行「經國七海文化園區新建工程議價」

11・1 北市府解除列管二八七－二、二八八－一、二八九地號三筆土地

11・12 兩會與根基營造公司進行「經國七海文化園區新建工程之假設工程議價」

11・16 北市府都市發展局同意備查取消列管二八七－二、二八八－一、二八九地號

11・23 經國七海文化園區營建工程得標廠商為利晉工程公司

12・16 基金會經第十屆董事會第四次會議同意與利晉工程公司簽約

12・18 基金會赴北市府出席第六次「經國七海文化園區OT暨BOT案」履約管理會議

2018

1・29 兩會終止與根基營造公司「經國七海文化園區新建工程」承攬

1・29 兩會委託利晉工程公司進行「經國七海文化園區新建工程」

2・12 建築執照完成變更承造人為利晉工程公司

3・16 利晉工程公司舉行「經國七海文化園區新建工程」開工

4・1 兩會委託台灣世曦工程顧問公司繼續擔任經國七海文化園區履約管理顧問

6・26 北市府召開「經國七海文化園區興建期展延事宜」第一次協商會議

7・5 兩會終止與一元創合設計顧問公司建築設計合作

7・9 北市府召開「經國七海文化園區興建期展延事宜」第二次協商會議

8・6 兩會與一元創合設計顧問公司完成ＢＯＴ相關文件交接

8・21 兩會委託王德生建築師事務所擔任ＢＯＴ監造建築師

8・21 兩會委託大小創意齋公司擔任工程階段專案管理

8・21 兩會委託大小創意齋公司進行「室內設計規劃服務」

9・21 北市府同意經國七海文化園區ＯＴ暨ＢＯＴ案興建期展延至二〇二〇年十二月十四日

9・25 兩會向北市府申請建築執照第一次變更設計

9・26 北市府進行「經國七海文化園區ＯＴ暨ＢＯＴ案」工地查核會議

9・26 北市府舉辦「經國七海文化園區ＯＴ暨ＢＯＴ案」履約管理會議

9・27 基金會委託郭俊沛建築師事務所進行「七海寓所因應計畫暨管理維護計畫」

10・29 北市府進行「經國七海文化園區ＯＴ暨ＢＯＴ案」工地查核會議

11・1 園區主建築的基樁與鋼板樁施作完成

11・6 基金會終止與一元創合設計顧問公司「七海寓所因應計畫暨修復再利用計畫」

11・6 基金會與一元創合設計顧問公司完成ＯＴ相關文件交接

11・29 北市府進行「經國七海文化園區ＯＴ暨ＢＯＴ案」工地查核會議

12・7 基金會與台北自來水事業處會勘基地北側自來水五〇〇管線影響結構施工事宜

12・14 北市府進行「經國七海文化園區OT暨BOT案」工地查核會議

12・27 經國七海文化園區建造執照第一次變更設計完成

2019

1・15 兩會向北市府申請經國七海文化園區建造執照第二次變更設計

1・25 北市府進行「經國七海文化園區OT暨BOT案」工地查核會議

2・11 兩會委託喜恩文化藝術公司擔任公共藝術專案管理

4・11 經國七海文化園區建築執照第二次變更設計完成

4・19 兩會召開公共藝術執行小組會議，委員包含劉得堅、陳純一、徐曾傑、費宗澄、黃光男、李乾朗、莊普

5・28 兩會赴北市府出席第七次「經國七海文化園區OT暨BOT案」履約管理會議

6・1 經國七海文化園區土方開挖完成

7・11 兩會向北市府申請經國七海文化園區建造執照第三次變更設計

7・12 北市府核定「公共藝術設置計畫書」

9・2 北市府進行「經國七海文化園區OT暨BOT案」工地查核會議

9・24 兩會完成「經國七海文化園區OT暨BOT案」都市審查變更

10・2　兩會與利晉工程公司舉行「經國七海文化園區新建工程上梁典禮」，出席上梁儀式人士包括朱雲漢、陳純一、黎少倫、張育達、鍾鴻裕、姚仁祿、宋翠英、徐曾傑

11・5　北市府核定「經國七海文化園區OT暨BOT案公共藝術甄選結果報告書」

11・6　北市府核定「市定古蹟七海寓所（蔣經國故居）建築管理土地使用消防安全因應計畫」

2020

1・1　基金會與國史館共同合作執行「蔣經國總統資料庫第一期建置計畫」

1・10　經國七海文化園區建築執照第三次變更設計完成

2・10　兩會與自在工作室公司簽訂「董陽孜『寧靜』書法藝術品買賣暨智慧財產權授權及使用合約」

2・10　兩會委託利晉工程公司進行「經國七海文化園區公共藝術工程」

3・2　基金會向北市府申請「市定古蹟七海寓所（蔣經國故居）建築管理土地使用消防安全因應計畫變更」

3・5　兩會向北市府申請BOT部分使用執照

4・30　北市府核准經國七海文化園區BOT部分使用執照

7・1　基金會委託中研院近史所張力教授進行「經國先生組閣的重要閣員後代訪問計畫」

7．10 北市府進行「經國七海文化園區OT暨BOT案」工地查核會議

8．28 兩會向北市府申請變更公共藝術作品設置地點

9．7 公共藝術作品位置變更備查通過

9．10 兩會終止與大小創意齋公司「工程階段專案管理」及「室內設計規劃服務」合約

10．13 兩會向北市府申請經國七海文化園區開放日期展延

10．19 基金會與潤德室內裝修設計工程公司簽訂捐贈契約，以實物捐贈方式贊助園區室內精裝修工程

10．21 經國七海文化園區公共藝術工程竣工

10．26 北市府同意「經國七海文化園區OT暨BOT案」因新冠疫情展延開幕營運日至二〇二一年五月三十一日

11．12 基金會向北市府提送「七海寓所變更因應計畫書修改版」

12．1 基金會與台達電子工業公司簽訂「捐贈弱電監控系統、網路系統與太陽能系統等工程承攬合約」

12．31 兩會向北市府提送「經國七海文化園區營運計畫書草案」

2021

4．15 經國七海文化園區公共藝術作品完成驗收

4．16 兩會向北市府提送「經國七海文化園區營運計畫書修正報告」

4・27 基金會於經國先生誕辰紀念日邀請潤泰集團尹衍樑總裁與其工作團隊，以及七海寓所侍從人員於七海寓所舉行升旗典禮

5・6 七海寓所消防檢查會勘完成

5・11 因新冠疫情警戒提升至三級，台北市文化局建議園區等疫情緩和後再開幕

5・24 兩會委託中實公寓大廈管理維護公司擔任經國七海文化園區物業管理

5・31 利晉工程公司「經國七海文化園區新建工程」驗收合格

5・31 潤德室內裝修設計工程公司「實物捐贈範圍內的工程」驗收合格

5・31 基金會取得七海寓所的古蹟使用許可

9・1 兩會與北市府簽訂「經國七海文化園區OT暨BOT案三方協議書」

9・25 基金會經第十一屆董事會臨時會議同意與信望愛、北市府簽訂三方協議書，以及同意信望愛移轉蔣經國總統圖書館建物所有權及坐落土地地上權應有部分各九〇%予基金會

12・1 兩會委託翊祥景觀公司進行「經國七海文化園區景觀維護作業」

12・3 兩會向北市府提送「公共藝術完成報告書」

12・23 基金會委託飛資得系統科技公司建置「蔣經國總統圖書館雲端自動化服務平台」

2022

1.22 經國七海文化園區暨蔣經國總統圖書館開幕典禮，剪綵與揭牌人士包括蔡英文、馬英九、連戰、錢復、柯文哲、郝龍斌、朱雲漢、蔣友松

1.23 經國七海文化園區正式開放

二〇二二年一月，經國七海文化園區和蔣經國總統圖書館正式落成並對外開放。十六年漫長興建的過程，歷經李亦園、毛高文、錢復三位董事長的帶領，以及朱雲漢執行長堅強的毅力和無私的貢獻。參與的同仁除陳純一副執行長與宋翠英主任祕書外，尚有魏鎮東、曾中信、陳妍伶、吳秀玲、馬詩美、宋美珍、唐瑞玉、詹語甄、陳維琪、廖箴、林詩璇、余曉嵐、陳姿妤等，並感謝王行恭老師多年來義務擔任園區的藝術諮詢指導與協助。

國家圖書館出版品預行編目（CIP）資料

一座總統圖書館的誕生／夏珍著 . -- 第一版 . -- 臺北市：遠見天下文化出版股份有限公司, 2025.04
292面；17×23公分. --（社會人文；BGB602）
ISBN 978-626-417-222-6（平裝）

1. CST：蔣經國總統圖書館
2. CST：專門圖書館　3. CST：歷史

176.3　　114000450

社會人文 BGB602

一座總統圖書館的誕生

作者 — 夏珍

副社長兼總編輯 — 吳佩穎
社文線副總編輯 — 郭昕詠
責任編輯 — 鍾瑩貞（特約）
圖片提供—蔣經國國際學術交流基金會、林福明
校對 — 陳佩伶、魏秋綢
封面及內頁設計 — 張議文
排版 — 張靜怡、楊仕堯（特約）

出版者 — 遠見天下文化出版股份有限公司
創辦人 — 高希均、王力行
遠見・天下文化　事業群榮譽董事長 — 高希均
遠見・天下文化　事業群董事長 — 王力行
天下文化社長 — 王力行
天下文化總經理 — 鄧瑋羚
國際事務開發部兼版權中心總監 — 潘欣
法律顧問 — 理律法律事務所　陳長文律師
著作權顧問 — 魏啟翔律師
地址 — 台北市 104 松江路 93 巷 1 號 2 樓

讀者服務專線 — (02) 2662-0012 ｜傳真 — (02) 2662-0007；(02) 2662-0009
電子郵件信箱 — cwpc@cwgv.com.tw
直接郵撥帳號 — 1326703-6 號　遠見天下文化出版股份有限公司

製版廠 — 中原造像股份有限公司
印刷廠 — 中原造像股份有限公司
裝訂廠 — 中原造像股份有限公司
登記證 — 局版台業字第 2517 號
總經銷 — 大和書報圖書股份有限公司｜電話 — (02) 8990-2588
出版日期 — 2025 年 4 月 27 日第一版第 1 次印行
2025 年 6 月 6 日第一版第 2 次印行

定價 — NT580 元
ISBN — 9786264172226
EISBN — 9786264172288（PDF）；9786264172547（EPUB）
書號 — BGB602
天下文化官網 — bookzone.cwgv.com.tw